Liebe Leser und Kräuterhexenfreunde,

Sie halten ein neues Buch der Kräuterhexe in Händen. Ich freue mich sehr darüber, dass ich Ihr Interesse für ein Kräuterhexengartenbuch erwecken konnte. Durch die vielen Anfragen und Zuschriften meiner treuen Leserschar weiß ich, dass man sich darüber freuen würde, wenn man meine Erfahrungen, die ich in meinen Kräuterhexengärten gewonnen habe, gemütlich zu Hause nachlesen könnte.

Mit dem vorliegenden Werk, das mir übrigens schon beim Schreiben sehr viel Freude bereitet hat, möchte ich Ihnen diesen Wunsch erfüllen. Sie werden feststellen, dass es durchaus spannend sein kann, ein Gartenbuch zu lesen, welches sehr persönlich und authentisch verfasst ist. Schließlich habe ich sehr viel Wert auf eigene Erfahrungen gelegt, sowohl positive wie auch negative. Vielleicht können Sie sich die negativen ersparen, nachdem Sie dieses Buch gelesen haben.

Sämtliche Lokalitäten, die ich in diesem Werk beschrieben habe, gibt es nach wie vor auch „live und in Farbe" bei mir in Sternenfels zu besichtigen. Bei einem Besuch dürfen Sie sich gerne von der Echtheit der Kräuterhexe und ihrer Gärten überzeugen.

Ihre Kräuterhexe

Gabriele Bickel

Mein Kräuter-hexen-garten

- Anlegen
- Pflegen
- Ernten

Kosmos

Liebe Kräuterhexenfreunde

In meinem Buch „Mein Kräuterhexenwissen" haben Sie bereits einen Einblick in die Tätigkeit einer Kräuterhexe bekommen. Die „Arbeiten im Kräuterhexengarten" im Verlauf der Jahreszeiten beschrieben aber lediglich einen kleinen Teil aus dem großen Fachgebiet des Kräutergartens. Die Anfragen meiner Leser und Besucher zum Thema Kräutergarten haben mich deshalb dazu veranlasst, diesem ein eigenes Buch zu widmen.

Sie werden feststellen, dass es sich hierbei nicht um einen der bereits häufig erhältlichen Gartenratgeber handelt, sondern wie es viele tausend Leser von mir gewöhnt sind, um ein echtes Kräuterhexenlehrbuch. Es ist gespickt mit vielen eigenen angenehmen und unangenehmen Erfahrungen in Sachen Gartenbau. Sie erfahren in den ersten Kapiteln eine ganze Menge über die Anfänge des Gartens überhaupt. Ich habe nämlich die Erfahrung gemacht, dass darüber recht wenig bekannt ist.

Als Kräuterhexe betreibe ich jedoch nicht nur die Pflege und Ernte meiner Anbaukräuter, sondern ein großer Teil meiner Arbeit findet auch bei den Wildkräutern in meiner Umgebung statt, sodass ich Ihnen auch einen Einblick in meinen sogenannten Landschaftsgarten geben möchte. Sie lernen die Bedeutung eines Zaunes neu kennen, was es mit den einzelnen Gartenformen auf sich hat und erfahren, dass der Garten schon immer eine Domäne der Frauen war.

Heutzutage muss tatsächlich kein Kräutergartentraum mehr unerfüllt bleiben. Gartenbaufirmen, Kräutergärtnereien, die Veranstalter von Gartenfestivals und die Herausgeber von Gartenliteratur haben sich auf diesen Trend eingestellt. Sie können die Anlage eines Kräutergartens „schlüsselfertig" in Auftrag geben. Aber ist es das wirklich?

Ich möchte dies mit einem möblierten Zimmer vergleichen, das Sie beziehen, ohne seine Entstehung und seine Entwicklung zu kennen. Ich finde es wesentlich spannender, eine Gartenanlage von den ersten Anfängen an mitzuerleben. Dass es selbst für Kräuterhexen nicht einfach ist, ein solches Projekt ohne Überraschungen der vielfältigsten Art zu bewältigen, erfahren Sie in diesem Buch ebenso, wie das „Märchen vom großen Kräuterhexengarten". Ein selbst angelegter Garten entwickelt sich wie eine Wohnung schrittweise nach den Wünschen und Vorstellungen seines Besitzers und wird heutzutage häufig auch als Zimmer im Grünen empfunden. Wie ein solches Zimmer geschmückt werden kann, können Sie ebenfalls nachlesen.

Jede Jahreszeit bringt ihre eigenen Stimmungen, Feste und Gartenarbeiten mit sich. Aus diesem Grunde habe ich den Gedanken und Arbeiten, die im Kräutergarten im Verlauf von Frühling, Sommer, Herbst und Winter eine Rolle spielen, viele Seiten gewidmet.

Dass Sie es mit einer Kräuterhexe, die auch „nur mit Wasser kocht", zu tun haben, erfahren Sie auf den Seiten, die sich damit befassen, dass auch bei einer Kräuterhexe nicht alles mit „Hex Hex!" gelingt, sondern dass auch ich die eine oder andere Aufgabe mit vollem körperlichen Einsatz lösen muss.

Gut Ding will Weile haben. Dieses alte Sprichwort lässt sich auch besonders auf die Entstehung und das Heranwachsen eines Kräutergartens beziehen. Ich habe versucht, diesen Kernsatz als wichtige Gartenphilosophie in dieses Buch mit einzubringen. Denn wie in vielen Bereichen unseres täglichen Lebens und unseres Umfeldes kann es auch im Garten häufig nicht schnell genug gehen. Hier herrschen jedoch die Gesetze der Natur vor und diese lehren uns, die von ihr vorgegebenen Rhythmen einzuhalten, wenn es manchmal auch noch so schwer fällt. Sie werden jedoch feststellen, dass sie im Nachhinein betrachtet durchaus „menschlicher" sind, als wir es uns vielleicht vorgestellt haben. Gerade ein Gärtner kann aus und mit der Natur jede Menge für sich und seine Umwelt lernen.

Als ich dieses Buch geschrieben habe, bin ich noch von „normalen" jahreszeitlichen Temperaturen ausgegangen. So mancher Blick und so mancher Rundgang durch den Garten haben mich jedoch eines Besseren belehrt. Die Aufnahmen für den Sommer konnten nur mit absolut kurzfristiger Planung erstellt werden, da diese Jahreszeit fast nicht stattfand. Ebenso verhielt es sich mit dem Herbst. Das Unheimlichste für mich waren aber in voller Pracht stehende Sommerblumen in den Gärten und Blumenkästen bis kurz vor Weihnachten und das in unseren Breiten …

Bevor ich vor vielen Jahren meinen ersten Kräutergarten angelegt habe, unternahm ich eine Zeitreise in die dunklen Anfänge des Gartenbaues. Es war und ist eine Reise voller spannender Stationen. Ich möchte Sie daher einladen, mir in die Geschichte der Kräutergärten und in die Geschichten meiner Kräuterhexengärten zu folgen.

Geschichte der Kräutergärten

Ein Kräutergarten – für viele Menschen bedeutet dieser Begriff „Idylle“ pur. Vor dem geistigen Auge entsteht inmitten einer intakten Naturlandschaft ein Bauernhaus mit Garten in ländlicher Umgebung. Ein Mittagsschläfchen in diesem Garten umgeben von einer Wolke aus Lavendel- und Rosenduft hat wahrlich eine entspannende Wirkung, und bei der Zubereitung von Speisen ist es natürlich eine besonders schöne Sache, wenn sie mit den eigenen Kräutern und Gewürzen verfeinert werden können. Wie Kräutergärten entstanden sind und sich im Laufe der Jahre gewandelt haben, erfahren Sie auf den nächsten Seiten.

Bedeutung der Kräuter im Laufe der Jahrhunderte

Seit Jahrtausenden existiert eine im wahrsten Sinne des Wortes wunderbare Verbindung, die da lautet: Menschheit und Kräuter. Wenn ich heute, als Kräuterhexe des 21. Jahrhunderts, meine Wild- und Gartenkräuter ernte, so tue ich dies genauso wie die Menschen der Jungsteinzeit. Duftende, aromatische und würzige Gewächse waren in den Hochkulturen der Chinesen, Inder und Ägypter ebenso bekannt und beliebt wie bei den Römern und Griechen der Antike. Neben der Wildsammlung entstanden mit zunehmender Sesshaftigkeit auch eingezäunte und angebaute Erntemöglichkeiten für Kräuter. Die ersten Kräutergärten aus heutiger Sicht existierten bereits viele Jahre vor Christi Geburt.

Damit würzte bereits die Steinzeitfrau: Kümmel (Carum carvi).

Bei der Anlage eines Kräutergartens oder bei der Verwendung von Kräutern in der Küche und Medizin können wir dabei auf einen Jahrtausende alten Wissensschatz zurückgreifen, denn die ersten schriftlichen Anweisungen über Lorbeer, Kümmel und Thymian wurden bereits viertausend Jahre vor Christus auf Tontäfelchen verewigt. Heute verwende ich Thymian als Würzkraut mit verdauungsfördernder Wirkung und zur Zubereitung eines krampflösenden Hustentees sowie als wohltuendes Kräuterbad genauso, wie es die Menschen bereits vor sechstausend Jahren taten. Wir können heute im Labor die wertvollen Inhaltsstoffe des Thymians exakt bestimmen und beschreiben und fragen uns natürlich in diesem Zusammenhang, wie es früher möglich war, die Anwendung einer Heilpflanze zu erkennen.

Die intensive Verbundenheit mit der Natur und das exakte Beobachten von kranken Tieren und deren Verhalten führten zu den ersten „Anwendungen" am Menschen. Häufig ging man auch der Nase nach. Man kannte damals die Wildpflanzen der Umgebung sehr genau und nutzte die Heil- und Würzkraft mit sicherem Instinkt. Die Steinzeitfrau kochte bereits mit Mohn, Kümmel und Engelwurz. In den Ländern rund um das Mittelmeer entstanden, bedingt durch das günstige Klima, schon sehr früh regelrechte Kräuterhochkulturen. Außer Lorbeer, Kümmel und Thymian kannte man später bereits Koriander, Minze, Kardamom, Dill, Fenchel, Zwiebeln und Safran.

In früheren Zeiten als Färbe- und Heilpflanze bekannt: Das Echte Labkraut (Galium verum)

Die Kräuterkenner der Antike

Die ersten großen Kräuterkundigen lebten in der griechischen und römischen Antike. Ärzte und Gelehrte erforschten alle Würz- und Heilkräuter ihrer Umgebung, indem sie diese zu Heilzwecken einsetzten. Hippocrates (ca. 460 – 337 v. Chr.), Theophrastus (372 – 287 v. Chr.) und Galenus (131 – 200 n. Chr.) waren die großen Väter der Botanik. Dem bedeutendsten Kräuterkenner des Altertums, Dioskurides (ca. 50 n. Chr.), verdanken wir das erste große „Kräuterbuch" mit der genauen Beschreibung von 600 Pflanzen, eingeteilt in Wild- und Anbaukräuter, sowie deren Ernte und Lagerung. Die meisten davon werden noch heute gebraucht.

Die duftenden und würzigen Eigenschaften vieler Kräuter wurden ebenfalls seit Urzeiten zur Zubereitung von Speisen und zur Herstellung von Duftölen und Salben eingesetzt.

Auch die üppigen, äußerst erlesenen Gastmähler des Lukullus waren für die damaligen Feinschmecker ein Schwelgen in meisterhaften Kräutergenüssen.

Kümmel (Carum carvi)

Nachdem die Kräuterküche auch heutzutage wieder hoch im Kurs steht, können Sie sich mit solch delikaten Zubereitungen in so manchem Restaurant verwöhnen lassen. Bei solch einem Festmahl wird sich wohl kaum einer mehr Gedanken darüber machen, wie die leckeren Zutaten einst die Alpen überwunden haben.

Dies geschah in den Taschen der Römer, als sie sich aufmachten, Germanien und Franken zu erobern. Denn bei allem kriegerischen Enthusiasmus, auf eine anständige Verpflegung konnte und wollte man auch damals schon nicht verzichten. So geschah es, dass Thymian, Salbei, Rosmarin und viele andere Kräuter aus dem Mittelmeerraum ihren Weg zu uns fanden.

Mit Lorbeerblättern (Laurus nobilis) *wurde schon vor Jahrhunderten die Mittelmeerküche verfeinert.*

Ein Kräutergarten liefert uns die Rohstoffe für vielfältige Speisen und Kosmetika.

Kräuterwissen des Mittelalters

Die Benediktinermönche brachten im Zuge der Christianisierung ebenfalls das eine oder andere Kraut aus Italien mit, um es in ihren neugegründeten Siedlungen anzubauen. Pflanzen spielten jedoch in heidnischer Zeit und in allen höheren Kulturen, als Basis der Ernährung und im Weltbild der Volksstämme, in welchem es als unumstößliche Wahrheit galt, dass die umgebende Natur von einem geheimen Leben erfüllt sei, eine äußerst wichtige Rolle.

Unsichtbare Wesen umgaben Mensch und Pflanze und stellten so die Verbindung zwischen der irdischen und der Geisteswelt dar. Unzählige Rituale mit Pflanzen, die zum Teil heute noch nachvollziehbar sind, geben einen Beweis dafür ab, dass die Pflanze als Teil der Schöpfung angesehen wurde, um zu helfen und zu heilen. Die Magie der Pflanzen wirkte, wie man es heute beschreiben würde, auf psychologischer Ebene und ist nicht einfach mit dem Begriff „Aberglaube“ abgetan. Dagegen steht schon die besondere Stellung der Pflanzen in Magie, Mythologie, Mystik und Symbolik sowie in allen Religionen. Kräuter, die in dem Ruf standen, über geheimnisvolle, magische und übernatürliche Kräfte zu verfügen, standen in hohem Ansehen und man vermutete, dass die Naturgeister oder die Seelen Verstorbener in ihnen wohnten. Heilpflanzen verfügten nach altem Glauben über göttliche und dämonischen Kräfte. Ausgrabungs- und Beschwörungsrituale oder das Ansprechen waren im Umgang mit diesen „Lebewesen“ notwendig.

Die geheimnisvolle Welt der Kräuter wird in den Kräuterbüchern des Mittelalters deutlich. Es wird jeweils die Doppelwirkung der Pflanze im medizinischen und magischen Bereich beschrieben. Paracelsus und Hildegard von Bingen befassten

Echten Salbei (Salbei officinalis) *wussten schon die alten Römer zu nutzen.*

Rosmarin (Rosmarinus officinalis) *– ein Symbol der Liebe und Treue – sollte böse Geister abwehren.*

sich mit dem Symbolgehalt der Pflanzen. Bei der Ernte mussten bestimmte Jahres-, Tages-, Nachtzeiten und Mondphasen beachtet werden, sonst verloren die Kräuter ihre magische Wirkung.

In manchen Gegenden wurden die Pflanzen mit Met begossen oder es wurden Lebensmittel oder Geldstücke darunter vergraben, um die Naturgeister gütig zu stimmen. Andere wiederum sprachen Gebete oder sangen fromme Lieder während der Ernte. Viele Kräuter wurden als Amulette oder Talismane getragen, denn es wurde ihnen nachgesagt, sie wären in der Lage alles Böse und Dämonische fern zu halten. Aber damit nicht genug: Sie sollten dem Träger Glück, Reichtum und Anerkennung bringen. Ein Glaube, der sich nach meiner Erfahrung bis zum heutigen Tage gehalten hat. Die Anfragen häufen sich ...

Glück, Ehre und Anerkennung habe ich am eigenen Leib verspürt. Dies wurde allerdings nicht durch ein einziges Zauberkraut bewirkt, sondern durch die harte tägliche Arbeit als Kräuterhexe mit vielen Pflanzen und Menschen. Außer geistigem Reichtum und Zufriedenheit habe ich jedoch noch nicht viel von dem Reichtum im materiellen Sinne bemerkt. Aber was nicht ist, kann ja noch werden.

Doch zurück ins dunkle Mittelalter. 812 n. Chr. erlies Kaiser Karl der Große eine Verordnung für seine Landgüter und gab darin eine genaue Anweisung über den Anbau von Gemüse und Kräutern. Sein vielseitig sortierter Kräutergarten beinhaltete bereits: Salbei, Raute, Eberraute, Rosmarin, Anis, Kresse, Kümmel, Petersilie, Sellerie, Fenchel, Dill, Liebstöckel, Bohnenkraut, Senf, verschiedene Minzearten, Schnittlauch, Knoblauch, Zwiebeln, Koriander, Kerbel und Muskatellersalbei.

Nach der Erfindung des Buchdrucks entstanden die Kräuterbücher der „Kräuterväter" Otho Brunfels (1530), Leonhard Fuchs (1543), Petrus Andreas Matthiolus (1544), Jakobus Theodorus Tabarnaemontanus

Echter Thymian (Thymus vulgaris)

Die Verarbeitung von Kräutern zu Tees, Essenzen und Tinkturen war für unsere Urgroßmütter selbstverständlich.

(1588) und Hieronymus Bock (1539). Letzterer war übrigens mehr oder weniger ein „Nachbar" von mir, denn er lebte in der Nähe von Bruchsal.

Durch die nun mögliche Herstellung von Kräuterbüchern verbreitete sich das Wissen über Gewürz- und Heildrogen auch unter dem Volk. Immer häufiger und zahlreicher wurden Kräuter in den Gärten des Landmannes angebaut.

Im 18. und 19. Jahrhundert führten die Anwendungen der Naturheilkunde durch Ärzte und auch Laien zu einer Hochblüte in der Kräuterverwendung. Schon unsere Urgroßmütter versuchten, mit Hilfe von Kräutertees, Tinkturen, Essenzen und Salben nach den Rezepten von Samuel Hahnemann (vergleiche „Meine Kräuterhexengesundheit"), Sebastian Kneipp und Johann Künzle die Gesundheit zu pflegen

Nach der Erfindung der Buchdruckerkunst wurde das Wissen über die Gewürz- und Heilkräuter durch zahlreiche Bücher weiter verbreitet.

oder wiederherzustellen. Auch die Ernte frischer Kräuter aus dem Kräutergarten gehörte zur täglichen Bereicherung des Speiseplanes. Eine große Kräutervielfalt war jedoch nicht nur aus geschmacklichen Gründen angesagt, sondern auch, um dem Prinzip der Hausapotheke gerecht zu werden. Medikamente, wie wir sie heute kennen, gab es in jener Zeit noch nicht. Es war also bereits damals äußerst wichtig, erst gar nicht krank zu werden. Deshalb versuchte man schon bei der Zubereitung der Speisen dafür zu sorgen, dass diese für die Erhaltung der Gesundheit geeignet waren. Ich habe in einem alten Gesundheitsbuch aus jener Zeit erstaunlich detaillierte Anweisungen über die Anwendung der einzelnen Heilkräuter im Krankheitsfalle gefunden. Dass die Rezepturen für heutige Verhältnisse zum Teil unvorstellbar sind, es wurde immerhin auch mit den Exkrementen von Tieren kuriert, ändert nichts an der Tatsache, dass bereits ein fundiertes Wissen über Heilkräuter auch unter dem Volk vorhanden war. In diesem Buch konnte ich auch das eine oder andere Diätrezept nachlesen. Die Einzelheiten möchte ich Ihnen allerdings ersparen. Ich kann mir jedoch vorstellen, dass sie jenen Menschen geholfen haben, wie auch immer!

Knoblauch (Allium sativum)*: im Mittelalter wie auch heute noch sehr bekannt.*

Entwicklung der Kräuterkunde im 20. Jahrhundert

Das 20. Jahrhundert mit seiner Fortschrittsläufigkeit auf technischen und chemischen Gebieten der industriellen Massenproduktion und des sich daraus entwickelnden Wohlstandes bewegte einen Rückgang im Umgang mit frischen Kräutern oder deren Produkten. Die Kenntnis um die Heil- und Würzkraft der Pflanzen schien verloren zu gehen.

Es schien jedoch nur so. Zum Ende des 20. Jahrhunderts, am Anfang des Kommunikationszeitalters, begann man sich darauf zu besinnen, dass es auch noch so etwas wie „Mutter Natur“ gab, gegen deren Grundregeln man nicht permanent

Links: Koriander (Coriandrum sativum) *wird schon in der Bibel erwähnt.*

Rechts: Muskatellersalbei (Salvia sclarea) *ist für seinen kräftigen, warmen und aromatischen Duft bekannt.*

verstoßen sollte. Eine Rückbesinnung auf die Art und Weise und die Schätze der Natur führten dazu, dass man darin einen Ausgleich für die technisch hochentwickelten, aber stellenweise auch unmenschlichen Lebens- und Arbeitsbedingungen dieser Welt finden könnte. „Zurück zu den Wurzeln" war die Devise und man begab sich wieder in die Natur und in die faszinierende Welt der Pflanzen. Und nicht zuletzt an die Hand der Kräuterhexe!
Seit vielen Jahren führe ich interessierte Menschen durch die Schönheit der Wild- und Gartenkräuter und deren Nutzen. Die Nachfrage ist nach wie vor hoch und steigt weiterhin ständig. Dies ist für mich ein Anzeichen, dass ich als Kräuterhexe des 21. Jahrhunderts den richtigen Platz auf dieser Welt eingenommen habe. Es ist mir eine Ehre, die Tradition der Kräuter und der Kräuterfrauen und -männer der letzten Jahrhunderte bzw. Jahrtausende wieder aufleben lassen und fortführen zu dürfen. Alte Rezepte werden durch neue Erkenntnisse bereichert. Dies trifft sowohl auf die Küche als auch auf die Naturheilkunde zu. Wie bereits erwähnt, wir kennen heute die Inhaltsstoffe von Thymian, aber er schmeckt und heilt noch immer wie vor Tausenden von Jahren.

Erste Gärten

Die Entstehung der ersten Gärten liegt noch heute im Dunkel der Menschheitsgeschichte verborgen. Wir kennen die hohe Gartenkunst der Antike durch archäologische Funde aus dem gesamten Mittelmeerraum. Hochherrschaftliche Gartenanlagen wurden vielfältig und sehr genau beschrieben.
Wie schon erwähnt, brachten die römischen Soldaten und Heerführer ihre Küchen- und Essgewohnheiten mit über die Alpen und demzufolge auch die Kunst des Gartenbaus und die notwendigen Pflanzen. Sie und später die Benediktinermönche lehrten die Germanen die Kunst des Pfropfens, sodass bereits Pfirsiche, Aprikosen, Süß- und Sauerkirschen, Walnüsse und Pflaumen nördlich der Alpen

gediehen. Rosen, Lilien und andere Schmuckstauden, ja selbst Buchseinfassungen von Beeten wurden angepflanzt.
Später, nach dem Zerfall des römischen Reiches auf germanischem Boden, wurden die Gebiete langsam neu besiedelt und unter rein wirtschaftlichen Aspekten neu angelegt. In diesen Nutzgärten war für die Pflanzen aus der Römerzeit kein Platz mehr, und so kam es, dass diese erste hohe Gartenkultur auf germanischem Boden fast spurlos verschwand.
Aber wie entstanden die ersten Gärten überhaupt? Die ersten menschlichen Bewohner dieser Erde waren Nomaden und sammelten die Pflanzen für ihre Ernährung überall dort, wo sie sich gerade befanden. Erst später, als die Menschen sesshaft wurden, kam wohl irgendjemand einmal auf die Idee, ein Stück Land einzuzäunen, um darin in Ruhe ernten zu können. Es war schon immer die Bequemlichkeit, die zu den größten Erfindungen der Menschheitsgeschichte geführt hat.
Begeben wir uns also in solch einen frühgeschichtlichen „Germanengarten". Zunächst wurde dem Urwald, und dieser herrschte tatsächlich in jenen alten Tagen in unserer Gegend, ein Stück Land abgerungen, indem man es rodete. Dass dies mit den damaligen Werkzeugen nicht so einfach war, können wir uns selbst im Zeitalter der großen Rodungsmaschinen noch gut vorstellen. Nachdem nun dieser Kraftakt vollendet war,

Bereits die Germanen erfreuten sich an Sauerkirschbäumchen.

Die Beete mit Buchseinfassungen zu säumen, war bereits in der Antike sehr beliebt.

In den Anfängen der Gartenkultur schützte ein stabiler Flechtzaun die Nutzpflanzen vor Eindringlingen.

wurde zunächst das Wohnhaus oder besser gesagt die Wohnhütte errichtet. Danach folgte die Einzäunung des restlichen Geländes. Der Zaun diente dazu, das mühselig der Natur abgerungene Land vor Eindringlingen zu schützen. Diese Eindringlinge konnten tierischer und menschlicher Natur sein. Das Wort „Garten" entstand in dieser Zeit aus dem indogermanischen Wort „Ghär" und bedeutete „Fassen".

Diese Ursprache aller europäischen und indischen Sprachen war in dem Zeitraum von ca. 3000 bis 1000 v. Chr. aktuell.

Aus diesem „Ghär" wurde dann später „Ghortos", eine Bezeichnung für „das Eingefasste, dasUmfasste".

Rosen schützen mit ihren Dornen und sind daher beliebte Heckenpflanzen.

Demnach war es also der Zaun, der dem Garten zu seinem Namen verhalf. Dieses Zaunland war von Anfang an für seinen Besitzer und sein Volk heilig und unverletzbar. Felder, Wald und Wiesen gehörten der Allgemeinheit und wurden auch gemeinschaftlich bewirtschaftet. Das abgesteckte Land aber war Sondereigentum, und wer dies unbefugt betrat oder mit Pfeilen und Wurfgeschossen eindrang, wurde hart bestraft. Einbruch und Diebstahl wurden also schon zu germanischen Zeiten geahndet.

Die Pflanzen der ersten Gärten

Aber welche Pflanzen wurden in diesen ersten Gärten angebaut? Mit Sicherheit keine Blumen. Es war ein reiner Nutzgarten und diente zum Anbau von Nahrungs- und Heilpflanzen, um zu überleben und sich nicht mehr in die Gefahr der Wildsammlung in den undurchdringlichen Wäldern begeben zu müssen. Die Wildformen von Saubohnen, Erbsen, Linsen, Eupen, Möhren, Pastinak und Feldsalat sowie Getreide, Kümmel, Petersilie und die Wildform von Äpfeln wurden in diesen Gärten angebaut, um den steinzeitlichen Speisezettel zu bereichern. Die Brennnessel, der Gute Heinrich, Ampferarten und Wegeriche wurden als Gemüse zubereitet. Auch Kohlköpfe fanden vor ca. 3000 Jahren bereits den Weg in den Kochtopf.

Der Garten oder das Zaunland bot aber auch den Haustieren Schutz, wenn sie am Abend zusammengetrieben wurden, um die Nacht in der Nähe des Hauses zu verbringen. Das Vieh „bezahlte" diese schützende Behandlung mit jeder Menge Mist, der dann als Dünger im Garten wiederum seine Verwendung fand. Die Erkenntnis, dass Mist die im Garten angepflanzten Gemüse und Kräuter besser wachsen

In den ersten Gärten wurde auch schon die Wildform der uns heute bekannten Peterslilie (Petroselinum crispum) *angebaut.*

lässt, ist demzufolge auch bereits uralt. Zu jener Zeit existierte aber auch bereits ein Wesen, zumindest in den Köpfen der Menschen, dem man den Namen „Hagazussa" oder „Hägesse" gab.

Viele unserer Kräuter und Gewürze wanderten bereits bei den alten Germanen in den Kochtopf.

Wer hätte gedacht, dass die Vorfahren der Kräuterhexen als Zaunreiterinnen bekannt und damals gefürchtet waren.

Dieses Wesen war ein äußerst unbeliebter, ja sogar gefürchteter Geist, der in der Lage war, eingezäunten, bebauten und gepflegten Gärten oder Äckern zu schaden. Unwetter, Ernteausfall und Schädlingsbefall sowie kranke Menschen und krankes Vieh waren solche Schäden, die auf die Anwesenheit und den Einfluss eines solchen bösen Geistes schließen ließen. Das Besondere an diesem geistigen Wesen war, dass es immer nur allein auftrat, um Schaden anzurichten. Dabei ritt es auf dem Zaun oder der Hecke, die den Garten einfasste und die häufig aus Reisigbündeln bestand.

Das althochdeutsche Wort „Hagazussa", auf angelsächsisch „Hägesse" bedeutet demnach „die Zaunreiterin" oder „Hagschädigerin". Wir kennen die Bezeichnung dieses Wesens bis auf den heutigen Tag, wenn auch in etwas abgewandelter Form. Es handelt sich dabei um die auf dem Reisigbesen reitende „Hexe"!

An dieser Stelle muss ich jedoch eine Tatsache besonders erwähnen. Der Begriff „Hexe" bezog sich immer auf ein geistiges Wesen und wurde in den alten Zeiten nie personifiziert. Selbst im tiefen Mittelalter, zur Zeit Karls des Großen, war es unter Strafe verboten, ein menschliches Wesen als Hexe zu bezeichnen. Die Hexe als weibliche Person ist eine Erfindung der katholischen Kirche zu späteren Zeiten, um ihren Einfluss und ihre Macht unter dem Volk zu festigen, indem sie Tausende von unschuldigen Frauen als Hexen, unter dem Deckmantel der Nächstenliebe, hinrichten ließ.

Aus alten Überlieferungen wissen wir auch, dass der Garten offensichtlich schon immer von Frauen bewirtschaftet wurde. Es entspricht also einer alten Tradition, wenn die Frau des Hauses den Garten als ihr ureigenstes Reich betrachtet, in welchem sie walten und schalten kann, ohne auf irgendwelche Einmischungen von männlicher Seite angewiesen zu sein. Auch die Bäuerin von heute zieht und erntet noch ihr eigenes Obst und Gemüse im Hausgarten, um damit die Familie zu versorgen. Mädchennamen wie: Irmgard, Luitgard oder Hildegard belegen die alte Tradition der „Frau im Garten". An dieser Stelle möchte ich es aber nicht versäumen, alle Männer zu begrüßen, die sich auch in dieses Hoheitsgebiet einer Frau wagen, um ihr mit Rat und Tat und vor allem mit ihrer Muskelkraft hilfreich zur Seite zu stehen!

Noch etwas zum Thema Zaun

Maschendrahtzäune, wie sie heute sogar besungen werden, sind eine Erfindung unserer Zeit. Der „Urzaun" bestand vermutlich aus Holzpfählen, wie man sie für den Hausbau verwendete und dazwischen angebrachte oder aufgeschichtete Reisigbündel, denn der Zaun diente ja auch gleichzeitig als Verteidigungsmaßnahme.

Später, als die Zeiten weniger kriegerisch waren, wurden dann die einfachen Flechtzäune aus Weide und Reisig entwickelt. Die Tradition der Flechtzäune wurde über Jahrhunderte beibehalten und die Technik ist heute noch in alten Bauerngärten und in Freilichtmuseen zu besichtigen. Auch heute noch werden zum Beispiel Teich- und Bachlaufbefestigungen in dieser alten Art des Flechtzaunes ausgeführt. Neben dem Flechtzaun entwickelten sich weitere Zaunarten aus Holz. Der bis heute bekannte Staketenzaun bestand aus senkrecht in den Boden gesteckten Ästen.

Die „Querlatten“ waren ebenfalls grob behauene Äste oder junge Bäumchen, die mit Hilfe von dünnen Weidenruten oder Rankgewächsen an den Senkrechten festgebunden wurden. Eisennägel waren lange Zeit unbekannt, sodass sich verschiedene Bindetechniken entwickelten, die sowohl schön als auch nützlich waren.

Die lebende Hecke war und ist ebenfalls eine Möglichkeit, sein Land einzuzäunen und auch Mauern wurden schon sehr früh zum Schutz eines Gartens aufgesetzt. Vor einer Mauer wurden häufig wärmeliebende Pflanzen angebaut, da die Steine die Wärme des Tages speicherten und sie am Abend als Speicherwärme wieder an die Pflanzen abgaben. Eine Praxis, die sich bis auf den heutigen Tag bewährt hat.

Eine weitere sichere wie auch zum Teil kunstvolle Einfassung eines Gartens wurde in den späteren Jahrhunderten und ebenfalls bis heute aus Eisen gefertigt. Schloss- und Herrschaftsgärten sind mit kunstvoll geschmiedeten Eisenzäunen umgeben. Auch kann die Zeit der Entstehung kunstgeschichtlich nachempfunden werden, da sie immer nach der gerade herrschende Mode gestaltet wurden.

Die Tradition der Flechtzäune wurde Jahrhunderte beibehalten.

Aus den vielen verschieden Zaunarten entwickelte sich unter anderem der uns vertraute Holzzaun.

Senkrecht in den Boden gesteckte Äste oder Holzlatten bilden das Gerüst eines Holzzauns.

Eine weniger schöne, ja sogar äußerst gefährliche Zaunform, die manchem Mensch und Tier zum Verhängnis wurde, ist die Erfindung des Stacheldrahtzaunes. Ich habe tatsächlich schon Gärten gesehen, die mit einem solchen einbruchsicher versehen waren. Diese und jene andere Zaunform ist häufig ein Ebenbild seines Besitzers. Gärten können geschützt, verteidigt oder lediglich sichtbar von der Umgebung eingezäunt sein, die Art und Form des Zaunes entscheidet darüber.

Zu meiner großen Freude wird die Tradition der Flechtzäune seit einigen Jahren wieder intensiviert, wenn auch zu anderen Zwecken, als dies früher geschah. In einigen Kindergärten und Schulen wurden auf diese Weise „Spielgeräte" und Tipis gebaut. Dazu werden im Frühjahr oder Herbst die Ruten von Kopfweiden geschnitten und in Form von Toren, Tunnels oder eben eines Tipis in die Erde gesteckt, miteinander verflochten und feucht gehalten. Da Weiden sehr schnell Wurzeln ziehen, verwandelt sich das Ganze im Lauf eines Jahres in eine lebendige Behausung oder einen lebenden Zaun. Die nachwachsenden Zweige können dann wieder mit sich selbst verflochten werden, sodass sich mit der Zeit ein dichtes Weidengeflecht ergibt.

Auch aus Schnittmaterial lässt sich ein Sicht- und Schallschutz herstellen.

Auf diese Art und Weise habe ich vor fast zwanzig Jahren meinen ersten Zaun „gebaut". Es war ein abenteuerliches Unterfangen, denn diese Art des Zaunbaues war noch weitgehend unbekannt in Sternenfels, genauso wie ich als „Reingeschmeckte" (Hochdeutsch = Hinzugezogene). Zunächst musste ich einmal an das Material kommen. Daher rief ich zunächst einmal bei der Ortsverwaltung an, ob und wo es hier Kopfweiden geben würde, die wieder einmal gestutzt werden sollten. Ein ungläubiges „warum?" und „für was?" war die Gegenfrage von dem anderen Ende der Leitung. Nachdem ich alles genau erklärt hatte, verwies man mich auf den hiesigen Revierförster. Für diesen war es dann schneller klar, was ich wollte und er wies mir eine Weide in fast unzugänglichem Gelände zu. Das hat mich aber weiter nicht erschüttert, sondern eher meinen Mann, der Knochenarbeit leisten musste. Nach einem halben Tag waren wir im stolzen Besitz eines Weidenflechtzaunes nach „Bickel"-Art.

Klostergärten

Die Gartenkunst der Römer nördlich der Alpen verschwand mit dem Zerfall ihrer Siedlungen in unseren Breiten. Die Stürme der Völkerwanderung taten das ihre dazu, dass ein Großteil des ehemals in Blüte stehenden Landes öd und leer zurückblieb, und sich der Wald das zurückeroberte, was ihm die Menschen mühsam abgerungen hatten.

Nun aber brach die Zeit einer neuen Gartenkultur an. Die neuen Gärtner, die sich aufmachten, die heidnischen Völker zu lehren und zu bekehren, kamen wieder über die Alpen, aber diesmal mit friedlicher Absicht. Es waren die Mönche des Ordens der Benediktiner und die des Zisterzienserordens. Sie wollten nicht nur das Christentum verbreiten, sondern auch gleichzeitig die bestehende Wildnis in fruchtbare Landstriche verwandeln. Schließlich schrieb der heilige Benedikt geistige und körperliche Arbeit vor.

Mönche verfügten stets über einen Klostergarten und ein umfangreiches Wissen über Heil- und Gewürzpflanzen.

Die körperliche Arbeit bestand darin, Klöster zu bauen und Felder, Seen und Gärten anzulegen. Man trug demnach als Mönch gleichzeitig Kreuz, Messer und Sichel.

Wie beeindruckend auch heute die Leistungen der Mönche von damals noch sind, erlebe ich tagtäglich, wenn ich meinen Laden im Kloster Maulbronn aufsuche. Diese besterhaltene Klosteranlage der Zisterzienser nördlich der Alpen lässt auch heute noch erahnen, mit wie viel Mühe ein solches Bauwerk mit den damals vorhandenen Werkzeugen errichtet worden ist.

Riesige Steinquader wurden lediglich mit Seilen bewegt und aufgeschichtet. Die umgebende Wildnis wurde urbar gemacht und selbst Seen wurden künstlich angelegt, um für die Selbstversorgung der Mönche ausreichend Nahrung zu gewährleisten. Pflanzen und Fisch standen auf dem Speisezettel der damaligen Klosterbrüder des 12. Jahrhunderts.

Beten und arbeiten, beides ist in einem Kloster möglich.

Das Kloster Maulbronn entwickelte sich wie alle Klöster zu einem straff durchorga-

Blick in den Klostergarten am Kreuzgang

nisierten Wirtschaftsbetrieb mit Klosterherberge, Kaminhaus, Maststall, Küferei, Fruchtkasten, Klostermühle, Gesindehaus, Speisemeisterei und anderen wirtschaftlichen Gebäuden. Mit Sicherheit gab es auch einen Klostergarten, den ich heute leider vermisse. Offensichtlich hat die Gartenanlage am Kreuzgang im Laufe der Jahrhunderte an Wichtigkeit verloren und wurde demzufolge nicht mehr weitergepflegt.

Der Klostergarten als Lieferant von Nahrungsmitteln

In den Anfangszeiten einer Klosteranlage war jedoch der Garten als wichtiger Bestandteil für die Selbstversorgung der Mönche nicht wegzudenken. Die Bewirtschaftung solcher Gärten gehörte zur Pflichtübung eines jeden Klosterbewohners, männlich wie weiblich, und es galt als eine Leitlinie klösterlichen Daseins, dass die Pflanze wie jedes andere Geschöpf ihren festen Platz im Kosmos einnimmt und vom Menschen als dem Ebenbild Gottes gehegt und umsorgt werden muss. Die Mönche erlangten einen Teil des Wissens über Gartenkultur aus den vorhandenen antiken Schriften, die in den Klosterbibliotheken aufbewahrt wurden, und aus den eigenen praktischen Erfahrungen im Umgang mit Pflanzen. Aus ihren Mutterklöstern im Mittelmeerraum brachten sie Ableger und Samen mit und auch die Klöster innerhalb Deutschlands pflegten einen regen Pflanzenaustausch. Die südländischen Gewächse wurden an unser raues Klima gewöhnt und weitergezüchtet.

Nachdem sich die Macht und der Einfluss der Klöster im Laufe der Jahre immer weiter ausbreitete, wurden auch Felder und Gärten außerhalb der Klostermauern angelegt. Diese wurden häufig von den Bauern der Umgebung mitgepflegt, und so hat sich so manches Wissen um Gartenbau und Pflanzenverwendung auch in diesen Schichten der Bevölkerung verbreitet.

Der Klostergarten als Apotheke

Der Heilkräutergarten nahm innerhalb der Klostermauern einen ganz besonderen Stellenwert ein. Die Heilkunst war im Mittelalter eng mit religiösen Vorstellungen verbunden, und daher ist es nur logisch, dass man sich in den Klöstern, die ja häufig auch die ersten Krankenhäuser aus heutiger Sicht waren, sehr eingehend damit beschäftigte. Es wurden bereits im 12. und 13. Jahrhundert die ersten wissenschaftlichen Werke über Heilpflanzen in den Klöstern verfasst.

Man brachte zu jener Zeit die Kranken ins Kloster, damit sie in den Genuss der Klostermedizin kamen und anschließend wieder für diese arbeiten konnten. In dieser Zeit wurde auch häufig der Kontakt zu den Kräuterweibern der Dörfer gepflegt. Ich möchte diese Tatsache an dieser Stelle besonders hervorheben, da ich sehr häufig erklären muss, was denn ich als Kräuterhexe wohl hier im Kloster Maulbronn zu suchen hätte.

Das Leben der Klosterbrüder bestand ja im großen Teil daraus, zu beten und sich

Weiße Blüten wirken festlich und ernst.

theologischen, philosophischen und juristischen Problemen und Anschauungen zu widmen, sodass sie häufig nicht in der Lage waren, die benötigten Heilkräuter für die Herstellung der Klostermedizin in den Wiesen, Feldern und Wäldern selbst zu suchen. Für die Ernte im Klostergarten gab es ja immerhin noch die zweite Klasse von Mönchen und Nonnen, nämlich die Laienbrüder und -schwestern, die man damit beauftragen konnte. Außerhalb des klösterlichen Lebens musste man also so genannte „Subunternehmer" beschäftigen, um an alle Arzneibestandteile zu kommen. Was lag also näher, als sich der ortsansässigen Kräuterweiber zu bedienen? Später hat man sie allerdings auch im Namen der Kirche verbrannt. So ändern sich die Zeiten! Und eben jenen Kräuterfrauen und der geheilten Landbevölkerung haben wir es zu verdanken, dass so manches, besonders aus dem Mittelmeer stammende Heilkräutlein seinen Weg aus dem Klostergarten in den Garten des Landmannes fand. Als Entlohnung für erbrachte Dienste im Namen der Gesundheit. Sie kennen sicher den Spruch: „Könnte ich wohl einen Ableger bekommen?" Sie sehen also, die

Damaszenerschwarzkümmel, bekannt als Jungfer im Grünen

Kooperation von Kloster und „Kräuterhexe“ war und ist also durchaus sinnvoll und nützlich. Selbst wenn es sich heute um ein museales Kloster handelt.
Ein weiterer wichtiger Aspekt aus der Zeit der mittelalterlichen Klostermedizin ist heute aktueller denn je. Reales Wissen um die Heilkraft der Pflanzen wurde mit symboltheologischen und philosophischen Lehren vermengt und daher bedeutete Heilung nicht nur physiologische Korrektur, sondern auch Sicherung des Seelenheils und Befreiung von der Sünde.
Heute wissen wir durch die ganzheitlich ausgerichtete Betrachtung des Menschen in der Medizin wieder, wie viel Wahrheit diesen mittelalterlichen Vorstellungen anhaftet. Die Erforschung der Bedeutung einer Krankheit ist erst im 20. und 21. Jahrhundert wieder in den Vordergrund gerückt. Meine Oma sagte immer: „Was gut war, kommt wieder!“

Einteilung eines Klostergartens

Aber wie sah nun ein Klostergarten im frühen Mittelalter aus? Wir können uns an der viel zitierten Klosterplanung von Sankt Gallen orientieren, die zwar nie zur Ausführung kam, aber als einziges schriftliches „Beweisstück“ aus dem Jahre 816 existiert. Hierin erfahren wir zum ersten Mal etwas über die Einteilung der Gärten und Anordnung der beschriebenen Gewächse. Beschrieben wurden der Garten am Kreuzgang, der Gemüsegarten, der Wurzgarten und der Baumgarten. Dieser war gleichzeitig als Friedhof gedacht. Sämtliche Gärten waren in Beete oder „Betten“ eingeteilt, denn es herrschte die Vorstellung, dass es sich die Pflanzen in ihren Betten gemütlich machen konnten und gepflegt wurden, sodass sie hier besonders gut gedeihen konnten.

Aus kühlen Klostermauern ein Blick in die wärmenden Strahlen der Sonne

Ich finde diese Vorstellung noch heute besonders reizend, denn man bekommt wieder einen ganz anderen Bezug zur Pflanzenpflege.

Pflanzen sind demzufolge Schützlinge, um die wir uns kümmern müssen und das nicht nur im eigenen Haushalt, sondern auf der ganzen Welt.

Doch zurück ins Mittelalter. Als „Herbularius" wird ein Gärtlein hinter dem klösterlichen Arzthaus bezeichnet. Dieses war in 16 kleine Beete mit dazwischen angelegten Wegen unterteilt. In jedem „Bett" machte es sich eine Heilpflanze gemütlich, die da hießen: Salbei, Raute, Schwertlilie, Poleiminze, Krauseminze, Kreuzkümmel, Liebstöckel und Fenchel. Außerdem waren noch weiße Lilien, Frauenminze, Rosmarin, Rosen, Bohnenkraut und Wasserminze vorgesehen. Auch in den Gemüsegarten hatten sich allerdings einige Kräuter im heutigen Sinne verirrt. Koriander, Dill, Mohn, Zwiebeln, Knoblauch, Petersilie, Kerbel und Schwarzkümmel gehörten zu ihnen.

Die Pflanzen der Gärten des 12. Jahrhunderts lernen wir durch die Bücher der Hildegard von Bingen (1098 – 1179) kennen.

Ein von Klostermauern umgebener Staudengarten

Die Weinraute (Ruta graveolens) *wurde schon im 12. Jahrhundert von Hildegard von Bingen beschrieben.*

Madonnenlilien (Lilium candidum) *blühen reinweiß.*

Als erste Ärztin und Naturforscherin Deutschlands interessierte sie sich besonders für die Heilkräfte aus der Pflanzenwelt und im Reich der Mineralien. In ihrem ersten Buch, der „Physika", werden die bekannten Kultur- und Wildpflanzen jener Zeit beschrieben. Hierzu wird den Blumen und deren medizinischer Wirksamkeit und ihrem Zierwert besonderes Augenmerk geschenkt, denn bis zu jener Zeit standen lediglich Nutzpflanzen im Zentrum des gärtnerischen Interesses.
Heute gibt es wieder einige Kräutergärten, die nach dem Vorbild der Hildegard von Bingen angelegt wurden.

Von Schloss- und Burggärten

Burgen und Schlösser haben auf mich schon als Kind einen eigenen Zauber ausgeübt. Vor meinem geistigen Auge lebten Ritter und Burgfräulein, König und Königin und der ganze Hofstaat auf. Ich selbst war natürlich eine von diesen „Märchengestalten". Die zum Teil harten Lebensbedingungen auf einer solchen Burg habe ich dann erst später während des Geschichtsunterrichts kennen gelernt und war froh darüber, in der heutigen Zeit leben zu dürfen.

Auch heute besuche ich noch mit Vorliebe Burg- und Schlossruinen, allerdings unter einem völlig anderen Aspekt. Nämlich wegen der Pflanzenwelt, die sich innerhalb und außerhalb solcher Gemäuer befindet. Als echte Kräuterhexe ist es für mich äußerst spannend, alte Gartenanlagen und die Bepflanzung der vergangenen Jahrhunderte, soweit noch erkennbar, zu entdecken. Denn Prunk und Pomp in so manch öffentlich zugänglichen Schlossräumen finde ich eher langweilig, mit einer Ausnahme, der Sammlung der Prunkgegenstände im so genannten „grünen Gewölbe“ im Albertinum zu Dresden. Beim Anblick der Kleinodien von unschätzbarem Wert blieb selbst mir „die Spucke weg“. Trotzdem wollte ich keines davon besitzen! Kräuterhexen gehörten schon immer zu den eher bescheideneren Zeitgenossen und wissen um die Schätze der Natur.

Doch zurück zum Burggarten. Burgen wurden auf Bergen und schroffen Felsen erbaut oder waren häufig von Wassergräben umgeben. Sie sollten für ihre Insassen eine leicht zu verteidigende Anlage darstellen, um Schutz vor Feinden zu gewähren, wo immer sie auch herkamen. Burgen waren meist rundum von Mauern umgeben, in deren Schutz sich das gesamte Leben der Burgbewohner abspielte.

Ein Burggarten war demnach zur Selbstversorgung in jenen kriegerischen Zeiten absolut notwendig. Außerdem war er ein willkommener Ort, dem engen und häufig muffigen Leben innerhalb der Gebäude zu entkommen. Besonders in den Wintermonaten fühlte man sich hier wie begraben. Dieses Empfinden ist bis auf den heutigen Tag nachvollziehbar, wenn sie an einem kalten, grauen Wintertag eine Burg besichtigen. Da kann das Prasseln des Kaminfeuers auch nur teilweise darüber hinwegtäuschen. Man sehnte sich nach dem Frühjahr und Sommer, um der Kälte und der Dunkelheit entrinnen zu können. Der Garten wurde daher besonders geliebt, denn man konnte sich darin frei bewegen und Licht und Luft genießen und außerdem noch frisches Gemüse, Obst und Kräuter ernten.

Die großen Obstgärten befanden sich häufig außerhalb der Burganlage. Im Burggarten wurde gefeiert, gesungen und geliebt, wie uns die so genannten „Lustgärten“ verdeutlichen. In diesen Lustgärten spielte der Blumenschmuck eine wesentliche Rolle, wie wir bei den Minnesängern erfahren. So romantisch diese Vorstellungen auch klingen, sie betrafen nur

Johanniskraut (Hypericum perforatum)

Blühender Oleander vor den starken Wehrmauern einer Burg

Obst aus dem Burggarten war vor allem während Belagerungen notwendig.

Malve (Malva sylvestris) *an Burgmauer*

einen recht kleinen Teil des Burglebens, denn auch erlauchte Burgbewohner lebten nicht von der Liebe allein.
Der Nutzgarten einer Burg spielte demnach eine wesentlich größere Rolle. Dieser wurde von Frau Ritter und Gehilfin selbst bestellt, denn es war schon lange Tradition, dass die Pflege des Gartens allein weiblichen Personen vorbehalten war. Hier unterschieden sich Bäuerin und Burgherrin nicht im geringsten und so mancher Pflanzenableger und Sämling fand seinen Weg herab von der Burg in die Gärten der Landfrauen.
Wenn ich vor einigen Jahrhunderten hier in Sternenfels gelebt hätte, so würde sich wohl auch mein Kräuterhexengarten innerhalb der Burganlage der Herren vom starren Felsen (Sternenfels) befunden haben, denn immerhin wohne ich am Schlossberg, auf welchem sich früher eine Ritterburg befand.
Heute erinnert allerdings nur noch der weit ins Land sichtbare Schlossbergturm (übrigens ein Wasserhochbehälter) an jene kriegerischen und weniger romantischen Zeiten in Sternenfels.

Stadtgärten

Die Bevölkerung der mittelalterlichen Städte stammte hauptsächlich aus ländlichen Gebieten und so ist es nicht verwunderlich, dass die Gärten innerhalb der Stadtmauern durchweg den Gärten auf dem Land glichen. Auch das Vieh bewegte sich frei innerhalb der Stadt und Misthäufen vor den Haustüren gehörten zum Alltag.

Mit dem Aufschwung der Städte verschwanden aber nach und nach die Tiere aus dem Stadtbild. Jedoch nicht die Nutzgärten, stellten sie doch eine wichtige Grundlage für die Ernährung der Bevölkerung dar.

Solche Nutzgärten sind bis auf den heutigen Tag in so mancher Kleinstadt erhalten. Sie befinden sich meist hinter den Häusern, aber immer innerhalb der ehemaligen Stadtmauer. Der Gartenbau wurde aber nicht nur von armen Leuten gepflegt, sondern auch unter den wohlhabenden Bürgern befanden sich viele Gärtner aus Leidenschaft, die es als besonders lohnend empfanden, Gemüse und Kräuter aus dem eigenen Anbau auf den Tisch zu bringen.

Nachdem die Städte immer weiter wuchsen, wurden die Gärten nach und nach an den Stadtrand verlegt und dienten auch gleichzeitig der Erholung und Zierde.

Die Stadtgärten der heutigen Zeit sind Grünanlagen und Parks, die genauso wie früher der Erholung und Zierde dienen sollen. Aber ohne die guten Geister der Stadtverwaltungen würde die Schönheit der Parks nicht lange erhalten bleiben.

Der Burggarten war ein willkommener Ort, dem häufig muffigen Leben innerhalb der Gebäude zu entkommen.

Die Fuchsie wurde nach dem „Kräutervater" Leonard Fuchs benannt.

Die Gärten der Renaissance

Die Renaissance ist geprägt von der Aufklärung und dem Forscherdrang der Menschen jener Zeit. Man wollte den Dingen auf den Grund gehen. Auch die Pflanzen wurden unter ganz anderen Aspekten betrachtet, wie es bisher der Fall war. Nach der Erfindung der Buchdruckerkunst kamen die ersten Kräuterbücher „auf den Markt". Ihre Besonderheit lag darin, dass sie nicht aus antiken Werken kopiert waren, sondern dass sowohl Abbildung wie Beschreibung auf der eigenen Erfahrung der so genannten Kräuterväter Brunfels, Fuchs und Bock beruhten. Nach Leonhard Fuchs wurde übrigens die uns allen bekannte Fuchsie benannt. Hieronymus Bock beschrieb sage und schreibe 800 Pflanzen in seinem „Kreuterbuch" von 1539, und er hat sie tatsächlich auch alle selbst gekannt.

Wilde Tulpe (Tulipa sylvestris)

Bald nach der Entdeckung Amerikas konnten unsere Vorfahren die Kartoffelpflanze in den botanischen Gärten bewundern.

Das Interessante an den Kräuterbüchern jener Zeit ist die Tatsache, dass nicht mehr nur Nutzpflanzen für erwähnenswert erachtet wurden, sondern auch die Schönheit einer Pflanze in das entsprechende Licht gerückt wurde. Das Leben der Menschen war zu Beginn der Neuzeit weitgehend gesichert, sodass man sich auch nach und nach einen gewissen Luxus in vielerlei Hinsicht gönnen konnte. Pflanzen wurden jetzt vor allem auch wegen ihrer Schönheit gepflegt.

Die Renaissance begann in Italien und man reiste über die Alpen, um die römischen Gärten von Neuem in Deutschland einzuführen. Ärzte und Botaniker fühlten sich von den prächtigen Gärten Italiens angezogen, und sie wollten möglichst viele der seltenen Pflanzen, die sie dort antrafen, mit nach Hause nehmen. Es brach eine regelrechte Sammelwut aus, sodass es bei den wohlhabenden Schichten der

Bevölkerung zum guten Ton gehörte, über den eigenen botanischen Garten zu verfügen.
Durch die Entdeckungsfahrten dieser Zeit kam auch eine Reihe exotischer Pflanzen in die Gärten des Renaissancemenschen. Ein ganz besonders wertvolles und seltenes Gewächs war die Kartoffel. Sie kam aus Amerika und es wurde als besondere Ehre empfunden, eine Kartoffelpflanze besichtigen zu dürfen. Nachdem man sie lange und ausgiebig besichtigt hatte, kam man auf die Idee, dass man die Früchte vielleicht auch essen könnte. Das war allerdings ein Irrtum mit Folgen, denn die Kartoffel gehört, wie wir heute alle wissen, zu der Familie der Nachtschattengewächse und diese sind nun mal mit Vorsicht zu genießen. Und zwar im wahrsten Sinne des Wortes. Der Genuss von Kartoffelfrüchten und zwar jener, die sich nach der Blüte gebildet hatten, war mit Sicherheit ein Erlebnis der unangenehmen Art, da sie leider nicht ungiftig waren. Erst später hat man dann erfahren, dass man die Kartoffelknolle ausgraben musste, um an den schmackhaften Teil dieser Pflanze zu gelangen. In der Zwischenzeit gehört die Kartoffelknolle zu den wichtigsten Nahrungsmitteln überhaupt und ist von unserem Speiseplan nicht mehr weg zu denken.
Die Türken brachten unter anderem auch die Tulpen zu uns, was zum Ausbruch der „Tulpomanie“ führte. Dies war eine Sammelleidenschaft, die so manchen Zeitgenossen um Hab und Gut brachte. Die teuerste Tulpenzwiebel der Welt kostete 13.000 Gulden.

Die Türken brachten die ersten Tulpen nach Westeuropa und lösten damit die „Tulpomanie“ aus.

Oleander (Nerium oleander) gehörten zu den Schmuckpflanzen eines barocken Gartens.

Der herrschaftliche Garten

Der Gründer meiner Heimatstadt Karlsruhe, Markgraf Karl Wilhelm von Baden-Durlach, war übrigens auch so ein Spezialist in Sachen Botanik. Nachdem ihm von Seiten des Rates keine Gelder für eine geplante Schloss- und Stadterweiterung in seiner Residenz Durlach bewilligt wurden, zog er hinaus in den Wald und baute sich dort ein Schloss, das seiner weltoffenen, wohlwollenden und lebenslustigen Art eher entsprach als die Durlacher Kleinkariertheit und höfische Enge. Das neue Schloss bekam den Namen „Karls Ruhe", weil sich Markgraf Karl Wilhelm seine neue Stadt nach einer Sage während des Schlafes unter einem Eichenbaum erträumt hat. Der verlorene Fächer einer Hofdame sollte angeblich die Ursache dafür sein, dass alle Straßen dieser neuen Stadt fächerförmig auf das Schloss zuführten. Dabei träumte Herr Markgraf mit Sicherheit absolutistisch und diese Variante wird heute eher vertreten. Aber nichts desto trotz spricht man heute von der „Fächerstadt" Karlsruhe.

Zitronenbäumchen (Citrus limon) waren in vielen Barockgärten zu sehen.

Der botanisch sehr interessierte Markgraf wollte aber nicht nur eine neue schöne Stadt, sondern einen mindest ebenso schönen Schlossgarten.

Der Gartenanlage wurde besonderes Augenmerk geschenkt und sehr früh wurde auch der botanische Garten angelegt, der bis auf den heutigen Tag besteht und ein beliebtes Ausflugsziel für die Bevölkerung von Karlsruhe und Umgebung ist. Als Kind freute ich mich über die bunten Blumen in den Beeten, etwas später beeindruckten mich dann die Orangerie mit ihren riesigen Palmen, Orchideen und Kakteen und die bunten Vögel in ihren Volièren. Als Schülerin musste ich dann einmal auf einer meiner geliebten Bänke in diesem Garten Platz nehmen und für den Zeichenunterricht die Architektur des Gewächshauses zu Blatt bringen. Das war dann allerdings weniger schön! Doch zurück zu unserem Markgrafen Karl Wilhelm, dem ich diese ganze Pracht zu verdanken habe. Den Anblick seiner griesgrämigen Gattin ersetzte er sich durch eine ganze Reihe von so genannten „Tulpenmädchen“. Herr Markgraf wusste zu leben und besonders in seinen Lustgärten.

Wir befinden uns übrigens im 18. Jahrhundert. Die Wirren und Folgen des 30-jährigen Krieges (1618 – 1648), die zum Niedergang der Gartenkultur in Deutschland geführt hatten, waren überstanden. Eine neue Gartenpracht konnte sich entwickeln. Der Anstoß dazu kam diesmal nicht aus Italien, sondern aus Frankreich und Holland. Der Bau des Schlosses von Versailles war der Wegbereiter für die barocke Idee der Schloss- und Gartenanlagen. Beides sollte gleichberechtigt die Macht des Herrschers darstellen. Das prunkvolle Barockschloss war umgeben von einer ebenso prunkvollen Gartenanlage, in der sich selbst die Natur unterordnen musste. Der natürliche Wuchs von Bäumen und Sträuchern wurde durch so genannte Formschnitte verhindert. Schnittformen waren meistens Kugeln, Säulen und Tierformen. Eibe und Buchs waren die bevorzugten Bäume, da sie besonders schnittverträglich sind. In diese Zeit fallen auch die ersten Beeteinfassungen aus Buchsbaum. Aber auch die Blumenbeete wurden rein geometrisch geplant und angelegt. Wildwuchs wurde nicht mehr erlaubt.

Tulpen, Nelken und Hyazinthen waren die aristokratischen Gewächse jener Zeit. Der Stil des Barockgartens verbreitete sich schnell im ganzen Land. Die reichen Bürger eiferten dem Adel nach, indem sie ihre eigene Barockgärten anlegen ließen, und selbst viele Klostergärten wurden der neuen Kunstrichtung im Gartenbau angeglichen.

Der Nutz- und Kräutergarten vergangener Jahrhunderte wurde nun durch eine Unzahl weiterer Salat-, Gemüse-, Kräuter- und Schmuckpflanzen erweitert. Auch Kübelpflanzen gehörten zu der Ausstattung eines barocken Gartens. Zu ihnen zählten Lorbeer, Zitronenbäumchen und Oleander. Die barocke Gartenidee machte letztendlich auch vor dem ländlichen Garten nicht halt. Die Bauern erhielten mehr Unabhängigkeit und demonstrierten diesen neuen Zeitgeist, indem sie ihre Landgärten nach adeligem Vorbild anlegten. Auch hier gab es auf einmal geschnittene Buchs- und Eibenkugeln und die beliebte Buchseinfassung der Beete.

Gartenanlage im Barockstil

In Kugelform geschnittener Buchsbaum

Der Bauerngarten leistete einen wichtigen Beitrag zur Versorgung der Familie.

Der Bauerngarten

Durch die vielen Jahrhunderte hat sich jedoch eine Art des Gartens tapfer gehalten – der Bauerngarten. Ursprünglich als reiner Nutzgarten, ohne schmückendes Beiwerk, nur für die Selbstversorgung der Familie geplant und angelegt, hat auch er eine lebhafte Vergangenheit zu verzeichnen. Die verschiedenen Gartenkulturen kamen und gingen und hinterließen ihre Spuren in den Gärten des Landmannes. Buchseinfassungen, Rosenkugeln, eine Vielzahl von Blumen und die Kräuter und Gemüse für den täglichen Bedarf führten ein friedliches Leben neben- und miteinander im Garten. Pflanzen, die zwar Mode waren, sich aber in unseren Breiten nicht durchsetzen konnten, weil sie zu viel Zeit für die Pflege beanspruchten, verschwanden wieder.

Ein Bauerngarten wurde meist quadratisch oder rechteckig angelegt und die Größe wurde nach den Bedürfnissen der Bewohnern ausgerichtet. Er lag immer in Hausnähe.

Bauerngarten mit typischer Beeteinfassung aus Buchsbaum

Häufig reichte ein einfaches Wegekreuz, um alle Beete gleich gut erreichen zu können. Manchmal wurde dieses Wegekreuz noch durch ein Rondell in der Mitte ergänzt, welches als schmückendes Element mit einer Solitärpflanze und bunten Blumen bepflanzt wurde. Es konnte aber auch ein Schöpfbecken für die Wasserversorgung des Gartens beinhalten. Auch die Beete wurden wiederum in rechteckiger oder quadratischer Form angelegt. Buchseinfassungen waren nur in ausreichend großen Gärten möglich, da sie Platz und Pflege beanspruchten, was für die Landfrau ein Mehr an Arbeit bedeutete. Aus diesem Grunde wurden die Beete häufig nur mit Steinen oder Holzeinfassungen versehen.

Schon sehr früh hat man den bäuerlichen Garten in verschiedene Bereiche unterteilt. Der Gemüsegarten sorgte für die Versorgung mit frischem Salat und Gemüse, im Gewürzgarten wuchsen Küchen- und Heilkräuter. Obst erntete man häufig am äußeren Rand bzw. sogar außerhalb des Bauerngartens. Aber auch Blumen und Zierpflanzen wurden ihre Plätze zugewiesen. Durch Selbstaussaat verbreiteten sich jedoch besonders einjährige Blumen, sodass man sie auch durchaus zwischen dem Gemüse duldete und sie im Herbst einfach mit aberntete.

Ein klassischer Bauerngarten bestand aus nützlichen und schmückenden Kräutern und Pflanzen, die ohne besonderen Pflegeaufwand gediehen. Denn für aufwendige Pflege hatte die Landfrau keine Zeit. Der Garten war noch immer ihre Domäne und dieser Zustand dauerte bis in die zwanziger Jahre des 20. Jahrhunderts an.

Eine neue Zeit brach an. Die notwendige Selbstversorgung der Gartenbesitzer mit ihren Gemüsen, Früchten und Kräutern aus dem Garten nahm kontinuierlich ab. Konserven waren eine bequemere Alternative und in den Lebensmittelgeschäften zu bekommen. Was über Jahrhunderte hinweg sich aus praktischen Überlegungen heraus entwickelt hatte, nämlich der klassische Bauerngarten in seiner ganzen Vielfalt, war plötzlich altmodisch. Noch schlimmer stand es um den Kräutergarten. Die Kochgewohnheiten änderten sich genauso wie auch die Anwendung von Heilkräutern. Man schluckte jetzt lieber Medikamente und in der Küche waren lediglich Schnittlauch und Petersilie gefragt.

Zinnkraut (Equisetum arvense) – *ein Putzmittel vom Wegesrand*

Während der Kriegs- und Nachkriegszeit war es dann auf einmal wieder überlebenswichtig, die Produkte aus dem Garten ernten zu können. Dafür musste aber auch jedes Stückchen Land herhalten, was dazu führte, dass so manche alte Schmuckgartenanlage verschwand und in einen Nutzgarten umgewandelt wurde.

Das vergessene Kräuterwissen

In den Jahren des darauf folgenden Aufschwungs jedoch wollte man von dieser „arme Leute Kost“ bald nichts mehr wissen und viele alte Kulturpflanzen gerieten im Zuge des neuen Fortschritts völlig in Vergessenheit. Keiner musste sich seine Stoffe mehr selbst herstellen und färben, auch das Brot wurde nicht mehr selbst gebacken und das Putzen und Waschen wurde mit neu erfundenen Reinigungsmitteln durchgeführt.

Auf meinen Kräuterwanderungen in Sternenfels kann ich den erstaunten Teilnehmern von den Putz- und Reinigungsmitteln der letzten Jahrhunderte berichten. Es

Mit der Unart, Autoreifen und andere Gegenstände zu bepflanzen, kann ich mich als echte Kräuterhexe nicht anfreunden.

Kräuter, wie Schafgarbe und Weinraute, erleben in unseren Tagen eine Renaissance.

gibt hier noch einen relativ großen Bestand an Seifenkraut, mit dessen Wurzelsud früher gewaschen wurde. Kernseife und Seifenkraut ergaben saubere und weiche Wäsche.

Ein weiteres Putzmittel vom Wegesrand ist das Zinnkraut oder Schachtelhalm. Der Name Zinnkraut erinnert daran, dass das Zinngeschirr der wohlhabenden Bevölkerung damit geputzt wurde.

Der Weg führt weiter durch die ehemaligen Sandgruben. In diesen Sandgruben wurde früher der weiße Stubensand gebrochen und mit Hilfe der großen Sandmühlen zu Fege- und Löschsand gemahlen. Der Beruf des Sandbauern, der seine Ware im ganzen Land feil bot, gehörte zum Hauptbroterwerb der Sternenfelser Bevölkerung. Nach der Erfindung von Linoleum, Stragula und Teppichboden war auch dieses alte Handwerk zum Aussterben verurteilt. Auch solche Dinge lernt man bei der Kräuterhexe.

Kräutergärten in Terrakotten findet man heutzutage immer mehr.

Die Entfremdung des Gartens

Doch wie ging es mit den Gärten des 20. Jahrhunderts weiter? Die Stadt mit all ihren modernen Errungenschaften wurde zum großen Vorbild für die Landbevölkerung und eine regelrechte Landflucht setzte ein. Es war eben bequemer und lukrativer, sein Geld in der Stadt zu verdienen, als auf dem Acker den Buckel krumm zu machen, für weit weniger Geld.

Die „Daheimgebliebenen" auf dem Land setzten ihr ganzes Bestreben daran, es den Städtern gleichzutun. Häuser und Gärten wurden „modernisiert". Alte Möbel, Trachten und Jahrhunderte lang gepflegtes Brauchtum wurden gleich mit „entsorgt". Der Garten wurde jetzt mit allerlei Gehölzen und Zierrasen versehen. Maschendrahtzaun, Betonplatten und Gartenzwerge waren jetzt die wichtigsten Bestandteile

eines modernen Gartens. Später kamen dann noch alle möglichen und unmöglichen bepflanzten Gegenstände, wie Leiterwägen, Mistkarren, Wagenräder und Autoreifen und noch so einiges mehr, dazu, sodass mancher Garten eher an eine Kitschsammlung erinnerte, als an ein Kulturgut.

Der Garten kommt zurück

Die Geschichte der Menschheit ist geprägt von Reaktionen und Gegenreaktionen, Kulturen kamen und gingen wieder unter und so manche „Welle" überrollte uns. Ebenso erging es den Gärten. So nach und nach erkannte man, dass man als hochtechnisierte Gesellschaft nicht nur gegen die Natur leben kann und ein Umdenken setzte ein. Die Fress- und Reisewelle wurde von der Natur- und Biowelle abgelöst. „Natürlich leben" ist das Schlagwort der neuen Generation. Die Ernte aus dem eigenen Garten oder Produkte aus dem Bioladen schmecken eben doch besser und sind gesünder. Der Natur und Umwelt und den alten Traditionen wird wieder mehr Aufmerksamkeit geschenkt. Zur Landhausmode und -einrichtung gehört natürlich auch der Landhausgarten.

Die Renaissance des Kräuter- und Bauerngartens findet in unseren Tagen statt. Die Gebrechen des Alltages werden wieder mit Kräutern und Naturarzneien behandelt und auch die Landhausküche bedient sich der Vielfalt der Kräuter, selbst wenn sie mitten in der Stadt liegt. Ich will hier nicht verschweigen, dass inzwischen auch eine ganze Industrie gut von dieser Naturwelle lebt, was ich hierdurch nicht als negativ verstanden wissen möchte. In unserer Gesellschaft darf der Mensch, Gott sei Dank, weitgehend so leben wie er will.

Es gibt sie noch immer, die Thujahecken, den Zierrasen, die aufgeräumten Schrebergärten, die bepflanzten Autoreifen, die Gartenzwergkolonien, die Maschendrahtzäune und die mit der Nagelschere gestutzten Rasenkanten. Schön ist, was gefällt. Aber es gibt immer mehr Bauerngärten, heute sagt man auch auf neudeutsch Cottagegärten dazu, und naturnahe Gartenanlagen. Auch Teiche und reine Naturgärten, Wasserläufe als Kleinbiotope im Garten, abwechslungsreich bepflanzte Blumenkästen und Terrakotten und nicht zuletzt Kräutergärten, wie sie vor Hunderten von Jahren schon gepflegt wurden, entdecke ich zu meiner großen Freude immer häufiger.

Kombinationen aus Kräuterpflanzen und Terrakottatöpfen sind ein Schmuck für jeden Garten.

Planung eines Kräutergartens

Es gibt für mich drei Situationen bei meiner Arbeit, die ich „ewig“ vor mir herschiebe. Die erste gehört in den Bereich meiner künstlerischen Arbeit. Es ist einfach furchtbar, an der Staffelei vor einem großen, leeren Blatt Papier zu sitzen.

In der zweiten Situation befinde ich mich, wenn ich Bücher oder Beiträge schreibe. Vor mir liegt ein Stapel Manuskriptpapier, und der erste Satz will mir nicht einfallen.

Und die dritte „Unannehmlichkeit“ heißt: Gartenplanung! Wo und wie fange ich an? Eine Frage, die Sie sich wohl auch häufig stellen. Zumindest was Ihren Kräutergarten betrifft, können wir jetzt zusammen anfangen.

Auch auf der Fensterbank kann man sich seinen „kleinen Kräutervorrat“ halten.

Ein Kräutergarten entsteht

Nachdem wir erfahren haben, wie sich die Gartenkultur der letzten Jahrhunderte immer wieder gewandelt hat, und dass sich letztendlich doch die altbewährten Gartenformen durchsetzen, fühlt sich der eine oder andere unter Ihnen zu dem guten alten Kräutergarten hingezogen. Ein Kräutergarten gehört übrigens zu den vielfältigsten Gartenformen überhaupt, denn er kann sich schlicht und ergreifend überall befinden.

Die kleinste Form des Kräutergartens besteht aus Balkonkästen und Kübeln. Eine größere Variante wäre dann schon der Steingarten oder das Kräuterbeet in Ihrem Nutzgarten. Selbst in recht eng bemessenen Vorgärten kann ein Kräutergarten entstehen. Sie können jedoch auch Ihren gesamten Gartenbereich in ein duftendes Kräuterparadies verwandeln und viele Kloster- und Schlossgärten mit überwiegendem Kräuteranbau machen deutlich, dass es nach oben keine Grenze gibt.

Mein „kleiner Kräutergarten“ bedeckt eine Fläche von 40 qm und der große Kräutergarten erstreckt sich immerhin über eine Fläche von 200 qm. Aber egal wie groß Ihr Kräutergarten auch ausfallen soll, es ist immer eine gründliche Planung notwendig, um späteren Enttäuschungen vorzubeugen. Ich habe erfahren, was man selbst als angehende Kräuterhexe verkehrt machen kann. Diese Erfahrungen waren aber äußerst wichtig, und ich möchte Ihnen diese nicht vorenthalten. Folgen Sie mir also in die faszinierende Welt des Kräutergartens, wo immer er sich auch befinden mag.

Meine eigenen Gartenerfahrungen

Mein erster Kräutergarten befand sich auf einer Dachterrasse in einem von mir aufgestellten Mörtelkübel. Es war in einer Zeit, in der das Thema Kräuter noch kein Thema war. Entsprechend gering war auch die Auswahl an Pflanzen und Saatgut in den Gärtnereien, sodass ich mit einem Sortiment bestehend aus Schnittlauch, Petersilie, Melisse, Thymian und Basilikum auskommen musste. Lavendel wurde als reine Schmuckstaude in Kübeln gehalten.

Ich war damals noch hauptberuflich Grafikdesignerin und verwendete meine immerhin üppig gedeihenden Mörtelkübelkräuter durchweg in der Küche. Kein Mensch, und ich schon gar nicht, wäre auf den Gedanken gekommen,

Minzen in Terrakotta-Topf – für Balkon und Terrasse bestens geeignet

Kräuter auf der Terrasse mit mediterranem Flair

dass es sich hierbei um den ersten Kräutergarten der Sternenfelser Kräuterhexe in spe handeln könnte. Ich wusste nicht einmal, dass es Sternenfels überhaupt gibt.

Dies sollte sich jedoch rasch ändern, denn laut meiner Vorbestimmung wurden just in dieser Situation günstige Bauplätze für junge Familien in eben jenem Ort mit dem malerischen Namen Sternenfels angeboten. Nach anderthalb Jahren Bauvorbereitung und Fertigstellung war ich zwar Bürgerin von Sternenfels, aber noch lange keine Kräuterhexe. Diesen Titel musste ich mir erst noch erarbeiten, und ich konnte damit wortwörtlich vor der Terrassentüre anfangen. Es bot sich ein fürchterlicher Anblick.

Ich habe ja bereits erwähnt, dass ich am Schlossberg wohne. Zur Erschließung des Grundstückes mussten Teile von diesem im wahrsten Sinne des Wortes „versetzt" werden. Mit Hilfe so genannter „Gabionen", das sind mit Steinen gefüllte Drahtkörbe, wurde der Hang abgestützt und das war alles andere als ein erfreulicher Anblick.

Die Spuren des Hausbaues waren auch noch überall präsent, sodass es schwierig war, überhaupt einen Ansatzpunkt in Rich-

Um den Überblick zu behalten, empfiehlt es sich, für die einzelnen Kräutertöpfchen kleine Schilder oder Etiketten zu verwenden.

Mein eigener kleiner Garten auf der Terrasse stand am Anfang meiner Kräuterleidenschaft.

tung Gartengestaltung festzulegen. Am meisten störten mich diese Drahtkörbe, und ich musste mir von so manchem alt eingesessenen Sternenfelser die Frage gefallen lassen, ob wir die Steine neuerdings einbinden müssten, damit sie nicht geklaut würden. Der erste Schritt in Richtung Gartenanlage war also der, dass ich diese Gabionen „verschwinden" lassen musste. Ich hatte mir bereits einschlägige Gartenliteratur beschafft, und während ich diese studierte, stellte sich heraus, dass es wohl am besten wäre, diese Steinkorbterrassen unter üppigen Kissenpflanzen zu begraben. Ganz in meinem Hinterkopf hatte ich auch die Idee, einen der jetzt erstmals beschriebenen Duftgärten auf diesen Stufen anzulegen.

Doch zunächst mussten die Lücken zwischen den Steinen in den Körben mit Erde aufgefüllt werden. Das war leichter gesagt als getan, und als bereits Unmengen von Erde auf Nimmerwiedersehen verschwunden waren, drängte sich mir der Verdacht auf, dass es mit meiner Bilderbuchvorstellung wohl doch nicht so klappen würde. Ich musste mich also mit einer dünnen Erdschicht begnügen und den Traum von einer mit Blüten übersäten Staudenrabatte begraben, wenn ich überhaupt einmal zu einem Ende kommen wollte. Doch zum Glück gab es ja Efeu und wilden Wein, und an einigen Stellen gelang es mir dann tatsächlich, einige Duftstauden wie Lavendel, Ysop und Bohnenkraut anzusiedeln.

Ich hatte die Rechnung jedoch ohne die Vitalität von Efeu und Co. gemacht und was sich zunächst als Gott sei Dank schnellwüchsige Lösung anbot, verbreitete sich so rasant, dass alle anderen Pflanzen einfach verdrängt wurden. Obwohl ich es mir anders vorgestellt habe, versuchte ich mich dennoch mit dieser Tatsache abzufin-

Ysopblüten duften würzig-aromatisch.

den, und aus heutiger Sicht muss ich eingestehen, dass mich meine Efeuwand zu jeder Jahreszeit mit ihrem satten Grün erfreut und seit einigen Jahren sogar blüht und fruchtet, sodass auch die Vögel im Winter davon profitieren. Von den Drahtkörben sieht man schon lange nichts mehr. Nachdem diese Aufgabe gelöst war, machte ich mich daran, die restliche Gartenfläche zu bearbeiten. Auf dem Baugrund hatte sich jede Menge Gartenmelde angesiedelt. Diese wurde als hervorragend schmeckender Wildspinat einfach verspeist. So etwas nennt man heute Unkrautvernichtung nach Art der Kräuterhexe. Meine Gartenliteratur animierte mich erneut dazu, es den prachtvollen Abbildungen gleich zu tun und einen üppig blühenden Staudengarten anzulegen. Aber auch in diesem Fall war die Natur mein Lehrmeister. Meine Lektion bestand darin, zu lernen, dass ich keinen geeigneten Boden dazu hatte. Dieser besteht nämlich aus buntem Mergel, und Keuperböden sind dafür bekannt, dass sie zwar an Mineralien sehr reich und tonig, aber wenig humos sind. Das bedeutet, dass Unmengen von Kompost und Sand eingearbeitet werden müssten, um einen halbwegs annehmlichen Garten zu erhalten. Beides stand mir nicht zur Verfügung und ich wusste zu diesem Zeitpunkt auch noch nichts von diesem Sachverhalt. Ich wunderte mich nur darüber, dass meine Gartenerde nach drei Tagen Trockenheit fast nur noch mit Hammer und Meißel zu bearbeiten war. Diese Lektion war übrigens die teuerste. Zwei Drittel meines eingekauften Pflanzenbestandes hat schnell das Zeitliche gesegnet. Nach dieser notwendigen, wenn auch schmerzlichen Erfahrung, habe ich dann wohl den ersten gartentechnischen Schritt

Kräuter in Töpfen: Lavendel, Oregano, Strohblume, Salbei, Thymian und Dill

in Richtung Kräuterhexe gemacht, indem ich mich intensiv mit der Landschaft beschäftigt habe. Ich beobachtete genau, wie und wo was wächst und entdeckte so, dass Wildrosen und eine große Anzahl Wildkräuter diesen in meinen Augen minderwertigen Boden offensichtlich besonders lieben.
Es war demnach angebracht, die Strategie zu ändern. Wenn schon die Pflanzen nicht wachsen wollten, wie ich wollte, musste ich die Pflanzen wollen, die hier wachsen wollen; so einfach ist das Prinzip der Natur. Ich habe mich dann sehr schnell mit dem Gedanken angefreundet, um Haus und Terrasse einen Rosen- und Wildstaudengarten anzulegen. Bis auf die Rosen war es auch finanziell wesentlich einfa-

cher, denn viele Pflanzen kamen von selbst oder ich konnte sie aus meiner unmittelbaren Umgebung „umbetten".
Und noch eines habe ich in dieser Zeit gelernt: Wo Wildrosen und Wildkräuter sich von selbst ansiedeln, müssten auch die Bedingungen für Anbaukräuter gegeben sein. Viele Heil- und Würzkräuter lieben gerade die trockenen und steinigen Plätze. Ich beschloss daher, zumindest einen Teil meines Gabionensteingartens in Kopfhöhe mit Duftkräutern zu bepflanzen,

die mit eben solch steinigen Bedingungen zu Rande kommen. Da das Marktangebot an Duftkräutern zu jener Zeit sehr dürftig bzw. gar nicht vorhanden war, habe ich mich dazu durchgerungen, diese Exemplare aus Saatgut selbst zu ziehen. Ich machte mich also auf, um Saatgut zu beschaffen. Mit einiger Mühe fand ich dann tatsächlich Ysop-, Thymian- und Bohnenkrautsamen und konnte so den Grundstock für mein Duftbeet legen. Heutzutage hätte ich es wesentlich einfacher, denn Duftstauden, und solche wollte ich nun mal, sind in reicher Auswahl als fertige Pflanzen zu bekommen. An diesen mühsam angelegten Gartenteil erinnern heute nur noch einige wenige Exemplare, denn der Rest wurde einfach von vitaleren Gewächsen überwuchert. Auch daraus habe ich jedoch meine Rückschlüsse in Sachen Gartenbau gezogen, denn es wurde mir mit fortschreitender Vegetation meines Gartens an einigen Stellen unmöglich, diese noch zu erreichen, um ordnend eingreifen zu können. Genauso geht es in der frei-

Strauchrosen sind sehr robust und viele von ihnen schätze ich vor allem wegen ihres Duftes.

Wildrosen fühlten sich bei mir an der Terrasse sehr wohl. Sie wuchsen und gediehen.

Ganz links: Apfel-Rose/ Kartoffelrose (Rosa rugosa Thunb.)

Die Rose meiner Kindheitstage: 'Sutters Gold'

en Landschaft zu, wenn zum Beispiel die Wachholderheiden nicht mehr von Schafen beweidet werden und daher einfach verschwinden.

Zu jener Zeit wurden auch wieder die ersten englischen Rosen angeboten, die lange Zeit eher ein Schattendasein führten. Das lag wohl daran, dass die historischen Rosen üppig blühten und dufteten, dafür aber nur einmal im Jahr. Man verzichtete daher lieber auf Üppigkeit und Duft und bevorzugte eher plakativ bunte, großblütige und mehrfach blühende Zuchtformen. Für mich ist jedoch eine Rose ohne Duft keine echte Rose und so habe ich eben jene altmodischen Duftrosen angepflanzt und genieße ihre Blüte seither jährlich in den Monaten Mai und Juni. So manche leckere Rezeptur wie Rosenlikör oder Rosenzucker verdanke ich meinen Schützlingen.

Während ich nun meine Rosen pflanzte erinnerte ich mich an ein ganz besonderes Erlebnis in meiner Kindheit. Es war Sommer und ich besuchte zusammen mit meiner Mutter und meiner Schwester meine Großeltern in einem Dorf in Norddeutschland. Meine Oma pflegte dort ihren Bauerngarten nach alter Sitte und ich durfte mich als Stadtkind regelrecht durch den Gemüse- und Obstgarten futtern. Karotten, Erbsen, Kohlrabi, Himbeeren und die ersten Äpfel wurden nacheinander an Ort und Stelle verspeist. Ich glaube, es hat mir bis zum heutigen Tag nichts mehr so gut geschmeckt.

Zu einem richtigen Bauerngarten gehören jedoch auch Blumenrabatten. Das war bei meiner Oma genauso, und inmitten von Lobelien, Ringelblumen, Tagetes, Feuersalbei und anderen Blumen befand sich eine Rose, deren Duft und Farbe ich nicht mehr vergessen konnte. Als ich nun meinen eigenen Garten anlegte, musste ich an eben jene Rose denken. Den Bauerngarten und meine Oma gab es schon lange nicht mehr, und so fragte ich meine Mutter, ob sie wohl wüsste, wie der Name der Rose lautete. Tatsächlich erinnerte sie sich daran, dass es wohl eine 'Sutters Gold' gewesen sein könnte. Sie hatte recht! Seit vielen Jahren erfreut mich nun eben jene Rose meiner Kindertage mit ihrer goldenen Farbe und mit ihrem traumhaften Duft.

Diese unermüdlichen Blattlausvertilger sind in meinem Garten stets willkommen.

Gartenhilfe von „oben"

Während mein Hausgarten so langsam Formen annahm, fehlten mir jedoch noch Baum und Strauch, um das Ganze wohnlich zu gestalten. Schließlich wollte ich auch Vögel zu meinen Nachbarn zählen. Hier war jedoch guter Rat teuer, und eigentlich stand mir dafür überhaupt kein

Platz zur Verfügung. Es gab wohl Ecken, an denen ich mir einen Baum oder einen Strauch vorstellen konnte, aber es war unmöglich, dort ein Pflanzloch auszuheben. Ein Umstand, der mich dazu bewog, dieses Thema zunächst einmal ruhen zu lassen, bis mir vielleicht eine andere Idee einfallen würde.

Manchmal geschehen jedoch seltsame Dinge, und so kam es, dass der von mir heiß gewünschte Holunder an just der Stelle erschien, an der ich ihn vorgesehen hatte. Ein Stückchen weiter streckte eine Eberesche ihre ersten zarte Triebe in die Höhe und eine wilde Heckenrose pflanzte sich ebenfalls von alleine an den von mir gewünschten Platz. Kräuterhexen haben offensichtlich ihre ganz besonderen Helfer aus der Natur und deren Anwesenheit spüre ich bis heute an jedem Tag.

In der Zwischenzeit sind meine Bäume zu stattlichen Exemplaren herangewachsen. Ich kann unter dem Holunder mein Mittagsschläfchen halten und die Eberesche spendet ebenfalls ihren Schatten dazu, sodass ich ganz ohne Sonnenschirm auskomme.

Die Heckenrose erfreut mich als Rosenbogen mit Blüte und Hagebutte. In der Zwischenzeit hat auch noch ein Eichhörnchen in meinem Garten seine Haselnüsse vergessen, sodass ich jetzt auch noch über zwei Haselsträucher verfüge. Nachdem ich nun bei der Anlage meines Hausgartens den Grundsatz der Natur begriffen habe, dass es lohnend und sinnvoll ist, sich mit den vorhandenen Bedingungen einverstanden zu zeigen, erfreue ich mich an manchen Stellen einer ständig wechselnden, an anderen Stellen aber einer durchaus beständigen üppigen Vegetation. Viele Vögel, Insekten und eine Igelfamilie gehören zu meinen ständigen Besuchern und Helfern im Garten.

Die einstmals exakt geplanten Staudenrabatten sind schon lange aus meinen Gedanken verschwunden und ich muss sagen, ich verspüre keinen Verlust!

Rotkehlchen und andere Vögel gehören zu den häufigen Besuchern und Helfern in meinem Garten.

Salbei, Bohnenkraut und Oregano in schöner Schale – so lassen sich „Kräuteranbau" und Terrassenschmuck in Einklang bringen.

Ein kleines Blumen- und Kräuterparadies braucht nicht viel Platz.

Aller Anfang ist schwer

Mit diesen Ausführungen über meine eigenen ersten Erfahrungen in der Planung und Anlage eines Gartens möchte ich Sie dazu ermuntern, Ihre eigenen Gartenideen zu verwirklichen. Wie Sie sehen, spielen die Boden- und Lichtverhältnisse eine ganz besondere Rolle. Als Kräuterhexe ist für mich das Thema „Kräutergarten" von besonderer Bedeutung, und so möchte ich Ihnen nun die verschiedenen Möglichkeiten, die sich bei der Anlage eines solchen bieten, aufzeigen.

Wie fange ich an?

Nehmen wir einmal an, Sie sitzen oder stehen auf dem von Ihnen für die Anlage eines Kräutergartens vorgesehenen Stück Land. Im Idealfall wurde es bereits bewirtschaftet und liegt nun „sauber" vor Ihnen. In dieser Situation müssen wir nur noch die Licht- und Bodenverhältnisse prüfen, um dann sofort mit der Pflanzung beginnen zu können. Häufig finden wir jedoch völlig andere Bedingungen vor. Die Hausgartenfläche sieht nach dem Bezug eines Neubaus nicht gerade einladend aus und die Spuren des Hausbaus sind noch überall deutlich zu erkennen.

Eine weitere Variante in Sachen Gartenbau besteht darin, einen völlig eingewachsenen oder sogar verwucherten Garten vorzufinden. Auch hier ist guter Rat gefragt. Oder Sie haben gar keinen Garten, nur eine Terrasse oder einen Balkon. Egal in welcher dieser Situationen Sie sich auch befinden, ein Kräutergarten ist immer möglich, wenn Sie einige grundlegende Dinge bei der Anlage berücksichtigen.

Zunächst sollten wir uns aber einmal darüber Gedanken machen, was wir mit einem Kräutergarten überhaupt bezwecken

Mein Erntekorb inmitten von wildem Oregano

Hier kann man gesund „aus dem Koffer" leben.

möchten. Wollen Sie zum Beispiel in erster Linie Kräuter für die Küche ernten oder eher zu Heilzwecken oder möchten Sie einen Kräutergarten eher zu einem rein ästhetischen Genuss in Bezug auf Aussehen und Duft anlegen. Ein Kräutergarten wird natürlich immer auch ein ästhetisches Erlebnis sein, aber was den Gebrauchswert betrifft, spielt die Art und Anzahl der Pflanzen eine wichtige Rolle.

Diesen Sachverhalt werde ich Ihnen an einem Beispiel deutlich machen. Viele Kräuter sind sowohl Heil- wie auch Würzkräuter. Nehmen wir einmal den Thymian. Wenn Sie nun diesen Thymian in erster Linie als Würzkraut verwenden möchten, dürften zwei Pflanzen ausreichend sein. Zur Gewinnung von Thymiantee für den Wintervorrat oder im Krankheitsfall sind mit Sicherheit vier bis fünf Pflanzen notwendig. In einem „Zierkräutergarten" werden darüber hinaus nicht nur der normale Gartenthymian, sondern auch viele andere Thymianarten erwünscht sein. Dies macht deutlich, dass sich je nach Bedarf auch die Platzverhältnisse sehr stark unterscheiden.

Apropos Platz, die Frage nach dem Platz ist ein besonders wichtiger Planungspunkt. Wie viel Platz steht mir überhaupt zur Verfügung? Ein Balkonkasten, eine Terrasse, ein Hausgarten oder ein ganzes Grundstück?

Die Antwort auf diese Frage ist im Vorfeld besonders wichtig, da die Pflanzenauswahl sehr stark davon abhängig ist, denn manche Kräuter besitzen ein sehr „einnehmendes Wesen" und sind daher für kleine Pflanzgefäße und Flächen überhaupt nicht geeignet. Minzearten zum Beispiel würden sich durch Ausläufer im ganzen Garten ausbreiten und eine Wermutpflanze würde als Solitärstaude in einem Kübel verkümmern.

Die Erde und die Lichtverhältnisse in einem Balkonkasten oder -kübel kann ich leicht den Erfordernissen der einzelnen Kräuter angleichen, ein Umstand der ebenfalls besonders wichtig ist, denn Pflanzgefäße sind mobil, das heißt, ich kann sie immer dort platzieren, wo sich die optimalen Wachstumsbedingungen befinden.

Ein wunderschöner Anblick: Salbei und Ringelblumen, Weinraute und Johanniskraut

Beete und Grundstücke sind jedoch nicht so einfach austauschbar. Wir sollten daher zunächst auch dort Boden- und Lichtverhältnisse prüfen, um Enttäuschungen zu vermeiden. Die meisten Kräuter bevorzugen eine eher magere Erde und volle Sonne, ohne irgendwelche Schattenspender. Ein dicht mit Bäumen und Hecken ausgestattetes Gartengrundstück ist als Kräutergarten daher eher ungeeignet. Es gibt jedoch auch Schatten oder Halbschatten liebende Gewürz- und Heilpflanzen. Die Auswahl ist allerdings sehr gering im Vergleich zu den „Sonnenanbetern". Befindet sich Ihr Kräutergarten in spe nun zwar in voller Sonnenlage, verfügt aber über eine, in Gärtnerkreisen als äußerst gut gedüngte und humos bezeichnete Erde, so werden sich dort die ursprünglich aus dem Mittelmeerraum stammenden Kräuter nicht sehr wohl fühlen. Sie schießen bei zu gutem Boden zwar ins Kraut, ohne jedoch die für sie typischen Aromen hervorzubringen. Schnittlauch, Petersilie, Minzen und Co. werden unter solchen Bedingungen jedoch gute Ernten hervorbringen. Sie hätten es in einem trockenen, heißen und mageren Boden dafür wesentlich schwerer, wenn sie überhaupt gedeihen könnten. Für Lavendel, Thymian und Rosmarin wären dies jedoch die optimalen Plätze.

Rosmarin (Rosmarinus officinalis)

Welches Kraut für welchen Zweck

Wir sollten aber nicht nur die Wünsche unserer Kräuterschützlinge genau kennen, sondern vor allem unsere eigenen. Ich möchte damit sagen, dass wir uns bereits

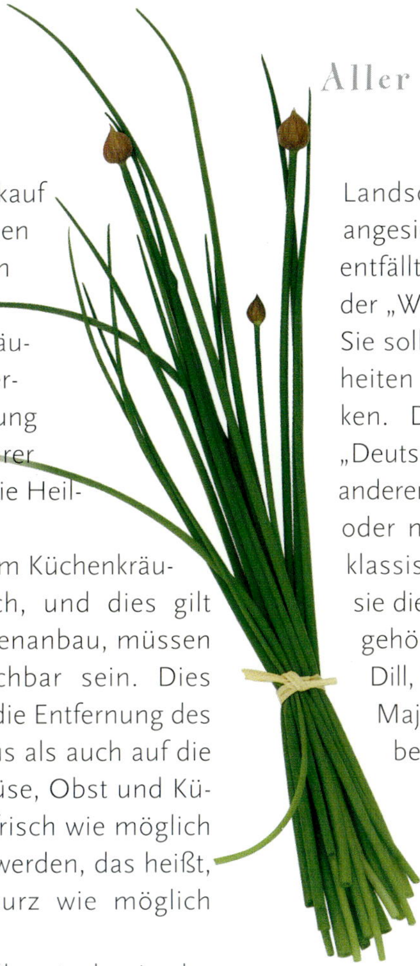

Schnittlauch (Allium schoenoprasum)

vor dem ersten Pflanzenkauf Gedanken darüber machen müssten, wie wir unseren Kräutergarten nutzen möchten. Die Küchenkräuterfans werden mit Sicherheit eine andere Vorstellung von der Verwertbarkeit ihrer Kräuterernte haben als die Heilkräuterbegeisterten.

Bleiben wir zunächst beim Küchenkräutergarten. Grundsätzlich, und dies gilt auch für den Heilpflanzenanbau, müssen alle Kräuter gut erreichbar sein. Dies bezieht sich sowohl auf die Entfernung des Gartens selbst vom Haus als auch auf die Anlage der Beete. Gemüse, Obst und Küchenkräuter sollten so frisch wie möglich auf den Tisch gebracht werden, das heißt, die Wege sollten so kurz wie möglich gehalten werden.

Auch so manches Wildkraut, das in der Küche gern verwendet wird, findet sich häufig von selbst ein oder kann aus der Landschaft bewusst im Garten angesiedelt werden. In diesem Fall entfällt dann ein langes Suchen in der „Wildnis".

Sie sollten auch Ihre Kochgewohnheiten einmal gründlich überdenken. Der Kräuterbedarf für die „Deutsche Hausmannskost" ist ein anderer, als der für die französische oder mediterrane Küche. Zu den klassischen Küchenkräutern, wie sie die Großmutter bereits kannte, gehören: Petersilie, Schnittlauch, Dill, Kerbel, Boretsch, Pimpinelle, Majoran, Melisse, Kresse, Zwiebeln, Bohnenkraut und Liebstöckel. Es handelt sich hierbei um Kräuter für den humosen und eher feuchten Kräutergarten. Mit Ausnahme von Boretsch, Zwiebeln und Liebstöckel können alle diese Würzpflanzen auch in Balkonkästen oder Kübeln gehalten werden,

Bevor man anfängt, einen Kräutergarten anzulegen, sollte man sich über seine eigenen Wünsche, aber auch über die Bedürfnisse der Kräuterpflanzen im Klaren sein.

Klassisches Küchenkraut: Der Boretsch

Salbei liebt es trocken und heiß.

wobei die Qualität selbst bei guter Pflege immer etwas unter den beengten Verhältnissen leidet. Die erwähnte Kräuterauswahl lässt sich auch gut in einen Gemüsegarten integrieren, sodass kein eigenes Kräuterbeet angelegt werden muss.

Die Kräuter des Mittelmeeres

Etwas anders verhält es sich mit den Kräutern des Mittelmeeres. Wer diese Küchengewohnheiten gerne pflegt, sucht sich am besten die trockenste und heißeste Stelle aus, um dort die benötigte Küchenschätze anzubauen.
Es darf auch durchaus etwas steinig zugehen. Das ausdauernde Bergbohnenkraut, Beifuß, Oregano, Thymian, Quendel, Heiligenkraut, Salbei, Rosmarin, Koriander, Lavendel und Ysop werden sich unter solchen Bedingungen zu üppigen und aromatischen Exemplaren entwickeln. Lorbeer und Basilikum sind ebenfalls Vertreter aus den Ländern jenseits der Alpen. Sie sollten jedoch als Kübel- bzw. Kastenpflanzen gehalten werden. Das hat mehrere Gründe. Lorbeer ist in unseren Breiten nicht winterhart und muss daher die dunkle Jahreszeit im Haus verbringen. Basilikum ist zwar nur einjährig, sollte aber aufgrund seiner Nässe- und Kälteempfindlichkeit ebenfalls mobil gehalten werden, sodass es an kühlen und feuchten Sommertagen und Nächten in Sicherheit gebracht werden kann. Die Balkonkastenkultur ist außerdem ein effektiver Schutz gegen Schneckenfraß, der schon so mancher Basilikumkultur in einer Nacht den Garaus gemacht hat.
Wenn Sie sich nun sowohl die heimischen Kräuter wie auch Südländer für die Verarbeitung in der Küche wünschen, so muss Ihr Kräutergarten also zwei Bodenbeschaffenheiten vorweisen. Eine magere, trocke-

ne und sonnige Fläche und eine eher feuchte und gut mit Kompost versorgte. Je nach vorgefundenen Bodenbedingungen müssen wir die fehlenden durch Einarbeitung von Sand und Kies bzw. Kompost und Humus erst schaffen.

Heilkräuter

Genauso verhält es sich bei der Anlage eines Heilkräutergartens. Auch hier gibt es eine ganze Menge Spezialisten unter den Heilpflanzen, die besondere Ansprüche stellen. Dazu kommt noch der Umstand, dass viele dieser Kräuter reine Wildpflanzen sind. Eine naturnahe Kräutergartenanlage bietet sich aus diesem Grund förmlich an.

Eine alte Art des Kräutergartens ist der Apothekergarten. In einem Apothekergarten werden die Heilpflanzen nach Anwendungsgebieten in Beeten kultiviert. So gibt es zum Beispiel ein Husten-Schnupfenbeet, ein Magen-Darmbeet, ein Blasen- und Nierenbeet und ein Leber- und Gallebeet. Heilpflanzenbeete für die Durchblutung und Herzkrankheiten existierten zwar auch, ich würde aber davon abraten, da viele Pflanzen in diesen Anwendungsgebieten giftig bis tödlich giftig sein können und somit eine Selbstmedikation nicht in Frage kommt. Ich möchte Ihnen eher zu einem „Beruhigungsbeet“ raten, dessen Heilpflanzen in der heutigen Zeit häufig dringend benötigt werden und die auch weitgehendst frei von Nebenwirkungen sind.

Ein solches Beruhigungsbeet kann mit Zitronenmelisse, Baldrian, Fenchel, Johanniskraut, Herzgespann, Kamille, Lavendel und Katzenminze bepflanzt werden. Sie sollten dabei allerdings auf die Vorlieben dieser Seelentröster achten. Zitronenmelisse, Baldrian und Herzgespann lieben einen eher humosen, nicht ganz trockenen Boden. Fenchel möchte es warm und ebenfalls etwas feucht, während Johanniskraut, Kamille, Lavendel und Katzenminze Sonnenanbeter sind und auch nicht all zu viel Durst verspüren. Die Erde für diese Pflanzengruppe sollte daher etwas magerer ausfallen. Auch müssen wir an die Wuchshöhe und -breite der einzelnen Kräuter denken. Während der Baldrian

In einem naturnahen Garten findet sich neben Blumen und Gemüsepflanzen immer auch ein Plätzchen für Kräuter.

Der Quendel oder Gewöhnliche Thymian (Thymus pulegioides) *wirkt bei innerlicher Anwendung als Tee krampflösend und nervenstärkend.*

eher schlank und hoch wächst, wachsen Frau Melisse und Herr Lavendel sowohl in die Höhe als auch in die Breite und beide schattieren bei zu enger Bepflanzung ihre Artgenossen. Die Katzenminze kriecht eher in den unteren Regionen entlang und das Johanniskraut bildet ebenfalls Ausläufer, die sich am Boden entlang bewegen. Die Kamille mit ihren feinen Blättchen und Blüten würde im Schatten nicht gedeihen und der Fenchel mit seinen zwar ebenfalls feinen Blättern erreicht aber immerhin eine Größe von bis zu zwei Metern. Sie merken, es ist gar nicht so einfach ein solches Themenbeet zu planen und zu pflanzen. Sie sollten auf jeden Fall eine ausreichend große Fläche einplanen.

Die Ausmaße, die eine optimale Kräuterspirale haben sollte, werden häufig unterschätzt.

Das Husten-Schnupfenbeet wird dagegen mit Salbei, Thymian, Fenchel, Eibisch und Ysop bepflanzt, wobei auch hier daran gedacht werden muss, dass Eibisch zu den Stockrosen gehört und daher eher hoch anstatt breit wächst. Dieses Beet könnte zum Beispiel als Rundbeet angelegt werden. In die Mitte pflanzen wir den Eibisch und den Fenchel und rund herum die restlichen Kräuter, die als „mediterrane“ zu den Sonnenanbetern gehören. Der ebenfalls heilsame Spitzwegerich findet sich erfreulicherweise meist von selbst ein.

Die Kräuterspirale

Ich werde auch häufig nach der Anlage einer Kräuterspirale gefragt, wobei ich die Erfahrung gemacht habe, dass die Ausmaße eines solchen Pflanzensystems häufig unterschätzt werden.

Um alle Vegetationsstufen innerhalb einer Kräuterspirale optimal gestalten zu können, ist ein Durchmesser von mindestens vier bis fünf Metern notwendig. An der tiefsten Stelle befindet sich ein kleiner Teich mit angrenzendem Feuchtgebiet, dann folgt eine „gemäßigte Zone" und je höher die Spirale sich auftürmt, desto trockener und wärmer gestalten sich die Bodenverhältnisse.

Besonders bei der Anlage und ersten Bepflanzung einer solchen Kräuterspirale wird häufig der Fehler gemacht, dass die oft mickrig aussehenden Pflänzchen aus dem Gartencenter zu dicht gepflanzt werden. Unterschätzen Sie bitte keinesfalls den Platzbedarf dieser Stauden. Bei optimalem Standort und Pflege entwickeln sich nicht selten stattliche Exemplare daraus. Diese schattieren wiederum die kleinwüchsigen Pflanzen und nehmen ihnen die Luft und das Licht, sodass so manches Kräutlein nicht mehr existieren kann. Aber dieses Problem haben wir natürlich bei jeder Neuanlage.

Deshalb ist es absolut notwendig, sich schon im Vorfeld darüber Gedanken zu machen, wie groß eine Pflanze im „erwachsenen" Zustand einmal sein wird. Das ist allerdings nicht so einfach, da es meines Erachtens noch immer zu wenig Literatur darüber gibt.

Aus eigener Erfahrung möchte ich Ihnen dazu raten, sich die Pflanzen „live und in Farbe" in bereits bestehenden Gärten anzuschauen. Es gibt in der Zwischenzeit eine ganze Reihe von so genannten Schaugärten oder auch botanische Gärten, die einen genauen Eindruck über die Ausmaße der einzelnen Kräuter vermitteln. Neupflanzungen anlässlich von Gartenschauen sind allerdings mit Vorsicht zu genießen, da hier häufig die Schaufläche schnell mit einer Menge von Jungpflanzen gefüllt werden muss, die später nach und nach wieder entfernt werden.

Ich möchte an dieser Stelle noch ergänzend erwähnen, dass ich bei meinen Beispielen immer von Staudenpflanzen ausgehe, die mit den Jahren an Größe und Fülle gewinnen. Bei einjährigen Kräutern ist der Platzanspruch wesentlich geringer.

Heiligenkraut (Santolina chamaecyparissus) *wurde früher zur Schmerzlinderung bei Insektenstichen verwendet.*

Zwischen den verschiedenen Beeten eines Apothekergartens fühle ich mich als Kräuterhexe in meinem Element.

Mein kleiner Kräuterhexengarten in Sternenfels

Mein „großer" Kräutergarten

Nachdem ich Ihnen nun sehr viele Tipps für die Anlage eines Kräutergartens gegeben habe, möchte ich Ihnen die spannende Geschichte meines „großen" Kräutergartens nicht vorenthalten. Wie viele Geschichten, so beginnt auch diese mit den Worten „Es war einmal".

Es war einmal eine kräuterkundige Frau, die durch eine Fügung des Schicksals in den schönen Ort mit dem Namen Sternenfels kam. Dort, am Schlossberg, bezog sie ein Haus mit einem kleinen Garten. Dieser Garten war jedoch so klein, dass es ihr nicht möglich war, große Beete für allerlei Kräuter darin anzulegen. Sie schaute sich also in ihrer Nachbarschaft nach einem größeren Stückchen Land um und fand dieses just gegenüber auf der anderen Straßenseite. Es befand sich jedoch in einem ganz jämmerlichen Zustand. Es war

So legte sie das Kräutergärtchen dann eigenhändig und mit viel Liebe in der Art der alten Bauerngärten an. Die Beete wurden mit kleinen Buchshecken eingefasst und die Wege mit Kies aufgefüllt, sodass sich das ehemals verkommene Grundstück in ein Schatzkästlein verwandelte. Die Kräuterhexe konnte auch eine Zeitlang genügend daraus ernten, aber es kamen immer mehr Menschen nach Sternenfels, um von der Kräuterhexe zu lernen und ihre Kräuterzubereitungen mit nach Hause zu nehmen. Der Kräuterhexengarten mit einer Grundfläche von nur 40 qm reichte nicht mehr aus und sie machte sich auf die Suche nach einem größeren Garten.

Bei der Gemeindeverwaltung konnte man ihr allerdings nicht weiterhelfen. Sie dachte sich jedoch, dass es auf dem Lande wohl nicht so schwer sein könnte, irgendwo ein Stück Land zu bekommen. Aber weit gefehlt! Die Resonanz auf eine Anzeige im örtlichen Gemeindeblatt war niederschmetternd. Keiner wollte ihr helfen. Das einzige Angebot war ein Distel bewachsetotal verwuchert und die Spuren des Wohlstandes der Bevölkerung in Form von allerlei Müll waren deutlich zu erkennen.

Nachdem sich die Kräuterfrau erkundigt hatte, wem dieses Land wohl gehörte, wurde ihr die Auskunft erteilt, es wäre das Eigentum der Gemeinde selbst. Sie bewarb sich also darum, dieses Stückchen Erde zu pachten und für ihre Zwecke bearbeiten zu dürfen.

Es mussten jedoch noch drei Jahre ins Land gehen, bis ihr diese Erlaubnis erteilt wurde. Dies geschah auch nur deshalb, weil sie sich in der Zwischenzeit als Sternenfelser Kräuterhexe zum Wohl der Gemeinde einsetzte und viele Menschen von nah und fern an ihren Kräuterwanderungen teilnahmen.

In meinem kleinen Gärtchen in Sternenfels wachsen sogar Artischocken und Muskatellersalbei.

Auch eine Kräuterhexe braucht Geduld: Bis in meinem großen Kräutergarten mit der Anlage der Kräuterspirale begonnen werden konnte, zogen mehrere Jahre ins Land, und danach dauerte es wiederum einige Zeit, bis die Kräuterspirale komplett bewachsen war.

nes Baumstück in extremer Hanglage, dass seine Besitzer nicht mehr bearbeiten wollten. Nach dieser Enttäuschung wollte die Kräuterhexe ihren Plan von einem großen Kräutergarten eigentlich begraben, denn es war ihr klar geworden, dass sie wohl nicht sehr viele Förderer in ihrer Wahlheimat besaß. Aber das Schicksal meinte es gut mit ihr. Manchmal braucht man eben nur einen Gönner, um sein Ziel doch noch zu erreichen.

Und diesen gab es tatsächlich. Er wohnte allerdings viele Kilometer weit weg und hat erst verspätet und über viele Ecken von der Landnot der von ihm bewunderten Kräuterhexe erfahren. Als gebürtiger Sternenfelser verfügte er über eine ganze Menge von Grundstücken, und so begab es sich, dass sich die Kräuterhexe eine für ihre Zwecke geeignete Wiese aussuchen konnte.

Sie befand sich am Ortsrand, war eine Streuobstwiese und 13 Ar groß. Sie können sich bestimmt vorstellen, wie sehr sich die Kräuterhexe darüber gefreut hat. Sie konnte jedoch nicht in ihren kühnsten Träumen ahnen, welche großen Probleme noch auf sie zukommen würden. Wie schon erwähnt, befand sich das Grundstück am Ortsrand und war aus diesem Grund auch nicht eingezäunt. Ein Zaun war aber unbedingt notwendig, um den geplanten Kräutergarten vor Hundebesuchen, Mountainbikern, Abkürzungstouristen und auf Zerstörung ausgerichteten Zeitgenossen zu schützen. Diese Tatsache stellte sich als fast unüberwindbares Hindernis heraus. Die Rückfrage bei der Verwaltung ergab, dass ein Zaun in diesem Fall eine genehmigungsbedürftige Baumaßnahme wäre.

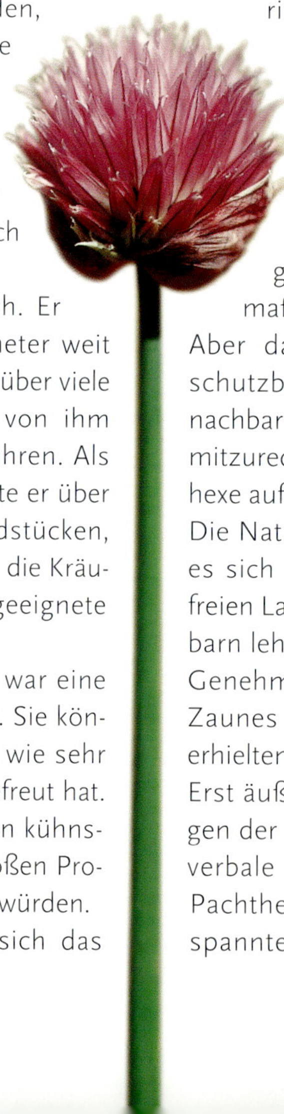

Blühender Schnittlauch (Allium schoenoprasum)

Aber damit nicht genug, die Naturschutzbehörde und die Grundstücksnachbarn hätten auch noch ein Wörtchen mitzureden. Hier stieß die arme Kräuterhexe auf eine breite Front der Ablehnung. Die Naturschutzbehörde lehnte ab, weil es sich um eine Streuobstwiese in der freien Landschaft handelte und die Nachbarn lehnten ab, weil sie ihrerseits keine Genehmigung für die Errichtung eines Zaunes für ihr eigenes Grundstück erhielten.

Erst äußerst diplomatische Verhandlungen der Kräuterhexe und der vehemente verbale und schriftliche Einsatz ihres Pachtherren führten in dieser angespannten Situation letztendlich doch

noch zum Erfolg. Die Kräuterhexe bekam die Erlaubnis von Amtswegen, einen Zaun mit einer Maximalhöhe von 1,20 m errichten zu dürfen und innerhalb des gesamten Grundstückes eine Fläche von sage und schreibe 1 Ar (!) als Kräutergarten anlegen zu dürfen. Dazu musste eine exakte Lageskizze angefertigt und eingereicht werden. Die offizielle Genehmigung für die gewünschte Hochbaumaßnahme „Zaun" wurde mit dann einem „roten Punkt" und nach der Entrichtung der entsprechenden Gebühr für einen begrenzten Zeitraum von fünf Jahren erteilt.

Diese ganze Prozedur hatte über ein Jahr gedauert, sodass es jetzt erst möglich war, mit der Anlage selbst zu beginnen. Die Kräuterhexe hatte wieder einmal eine Lektion im Fach „Menschen und Behörden" erteilt bekommen. Das Ergebnis war für sie jedoch durchaus positiv, denn sie wusste nun, mit wem sie es zu tun hatte. Sie war von Stund an im Besitz eines großen Kräutergartens und eines noch größeren und mindestens genauso wichtigen Wildkräutergartens, in welchem sie die von ihr benötigten Kräuter selbst anbauen und sich gleichzeitig aus dem vorhandenen Wildkräuterbestand bedienen konnte. Manche Dinge geschehen eben so, wie sie geschehen sollen, egal wie groß der Widerstand auch ist.

Dieses Märchen ist natürlich kein Märchen, sondern hat sich tatsächlich so zugetragen. Ich habe aber bewusst die Märchenform gewählt, um zum einen niemandem meiner Mitmenschen zu nahe zu treten und zum anderen allen Zeitgenossen Mut zu machen, dass auch die größten Hindernisse mit Durchhaltevermögen, Offenheit und einer gewissen Herzlichkeit zu beseitigen sind. Und das nicht nur, wenn es sich um einen Garten handelt!

Links: Beim Lockern des Bodens in meinem großen Kräutergarten muss auch ich als Kräuterhexe selbst Hand anlegen.

Rechts: Instandhaltung und Reparatur des Zauns gehören auch zu den Arbeiten, die in meinem Garten anfallen.

Das Kräuter-gartenjahr

Sie haben es wahrscheinlich längst erraten: Die Geschichte vom großen Kräutergarten habe ich am eigenen Leibe verspürt.

Das Ganze liegt nun bereits einige Jahre zurück. Ich konnte in der Zwischenzeit meine Erfahrungen im Wild- und Anbaukräutergarten vertiefen und diese mit Kräutergartenseminaren an interessierte Besucher weitergeben. Der Kräutergarten einer Kräuterhexe besteht also immer aus einem klassischen Garten und dem natürlichen Landschaftsgarten in der Umgebung. Diese Tatsache möchte ich zum Anlass nehmen, um nun auf die jahreszeitlichen Bedingungen und Arbeiten in beiden Gartenformen einzugehen.

Frisch geerntete Wildkräuter für Küche und Hausapotheke

Der Kräutergarten im Frühling

Wenn mich Ende Januar die Schneeglöckchen in meinem Hausgarten begrüßen, das Grün des Weinberglauchs in den Wiesen zum Ernten einlädt und im Wald die stinkende Nieswurz mit ihren giftig grünen Blüten schon von weitem zu erkennen ist, wird es Zeit, sich auf eine neue Gartensaison einzustellen. Anfang Januar habe ich mir bereits Gedanken darüber gemacht, was in diesem Gartenjahr alles zu tun ist und dies auch schriftlich festgehalten. Diese Vorgehensweise hat sich als sehr nützlich erwiesen, damit alle Arbeiten auch termingerecht durchgeführt werden können. Ich muss allerdings zugeben, dass Plan und Ausführung sich nicht immer gleichen. Dafür gibt es eine ganze Menge Gründe.

Mein Garten ist eine Lebensgemeinschaft von Pflanzen, die zwar von mir zusammengestellt wurde, aber jede dieser Pflanzen führt ihr eigenes Leben. Wie jedes Lebewesen können auch sie gesund und vermehrungsfreudig, bekümmert und krank sein oder sogar sterben. Und genau diese Tatsache macht den Umgang mit Pflanzen so interessant und spannend und bringt so manchen ausgeklügelten Gartenplan durcheinander.

Wenn die Natur erwacht

Im Frühjahr erwacht die Natur aus dem Winterschlaf und es wird von Tag zu Tag deutlicher, welche Pflanzen sichtbar ein neues Leben beginnen, sich unmerklich vermehrt haben, vor sich hinkränkeln oder gestorben sind.
Ich gebrauche an dieser Stelle bewusst die Worte sichtbar und unmerklich, denn das

Pflanzenleben existiert natürlich auch während der dunklen und kalten Jahreszeit, dann allerdings für uns unsichtbar und im Verborgenen. Dies ist der Grund, warum so mancher Gartenplan nicht im Verhältnis 1:1 übertragen werden kann.
Es passiert zum Beispiel häufig, dass sich Kräuter durch unterirdische Ausläufer im gesamten Beet ausbreiten, sodass sie plötzlich an Stellen auftauchen, an denen wir nicht damit gerechnet haben. Das kann sich im Nachhinein aber als durchaus sinnvoll und akzeptabel herausstellen. Wieder andere sind mit ihrem Standort überhaupt nicht zufrieden und signalisieren dies mit Kümmerwuchs. Sie möchten dann gerne verpflanzt werden. Ein- und zweijährige Kräuter säen sich von selbst dort aus, wo es ihnen am besten gefällt, und die Mutterpflanze stirbt einfach ab.
Diese Erfahrung habe ich mit meiner schwarzen Bauernmalve gemacht. Ich pflanzte sie, wie ich es mir ausgedacht hatte, an den Gartenzaun. Frau Malve hatte allerdings etwas gegen diesen Platz, blieb winzig und blühte dementsprechend auch nur sehr sparsam. Ich ließ sie gewähren und Samen ansetzen, den ich jedoch nicht einsammelte, sondern von selbst ausfallen ließ. Die Jungpflanzen entdeckte ich später vor der Wand eines alten Geräteschuppens und sie wuchsen zu stattlichen Exemplaren heran, so wie man es von anständigen Stockrosen erwartet. Ich musste meinen Pflanzplan korrigieren, was ich jedoch gerne tat, und bekam zur Belohnung jede Menge Saatgut von meiner Malvenschönheit.

Die ersten Blüten

Doch zurück zu meinem Kräutergarten im Frühling. Die Zeit der Schneeglöckchenblüte gehört eigentlich noch zu der Winterpause, in der keine Arbeiten im Freien anfallen, wenn man von einem täglichen Kontrollgang einmal absieht. Die Tage werden jedoch schon merklich länger und die kleinblütigen Krokusse setzen Mitte bis Ende Februar die ersten Farbtupfer in die winterlich braunen Beete.

Oben: Bauernmalve/ Stockrose (Alcea rosea)

Unten: Unkraut beseitigen – Arbeit für

Huflattich (Tussilago farfara) *blüht im Frühling, ...*

... seine Blätter kommen erst nach der Blüte zum Vorschein.

begonnen hat. Der eine oder andere Schneeschauer, ja selbst eine geschlossene Schneedecke, wie sie auch in dieser Zeit des Jahres noch häufig sind, können nicht darüber hinwegtäuschen, dass die Sonne wieder mehr und mehr an Kraft gewinnt.

Apropos Huflattich

An dieser Stelle möchte ich noch einige Anmerkungen zum Thema Huflattich loswerden. Der Huflattich ist eine uralte Arzneipflanze und sie wurde besonders bei festsitzendem Husten angewandt. Gesammelt wurden sowohl die Blüten, als auch die Blätter, die jedoch erst nach der Blüte zum Vorschein kommen. Wie Sie merken, schreibe ich im Präteritum, das heißt in der Vergangenheit.
Der Grund dafür ist die Tatsache, dass Huflattichblätter seit ungefähr drei Jahren nicht mehr gesammelt bzw. im Kräuterhandel abgegeben werden dürfen. Es wurde eine krebsverdächtige Substanz darin entdeckt. Diese kann bei einer Anwendung des Huflattichs im Kilobereich unerwünschte Nebenwirkungen zeigen. Dies ist eine Tatsache, die natürlich berücksichtigt werden muss. Ich frage mich jedoch, wie so mancher Apotheker, mit dem ich mich in diesem Zusammenhang unterhalten habe, wie es möglich sein kann, bei einer Anwendung als Hustentee in diesen Größenbereich zu kommen.
Die Empfehlung von drei bis vier Tassen Huflattichtee täglich bei einer akuten Erkältung ergeben im Höchstfall eine Menge von zehn Gramm für einen Zeitraum von maximal drei bis vier Tagen. Nach dem Abklingen der Symptome bzw. wenn sich der Schleim gelöst hat, wird kein Huflattichtee mehr benötigt. Generationen von Husten geplagten Menschen haben sich mit dem hohen Schleimstoffgehalt des Huflattichs kuriert. Jetzt wurde er quasi „über Nacht" aus dem Handel genommen. Es gibt Dinge die nicht nur für eine Kräuterhexe unverständlich sind!

Frühlingsarbeiten

Gehen wir also zurück in den Garten. Die ersten warmen Tage im Jahr nutze ich dazu, im Garten aufzuräumen, das heißt, die Spuren des Winters behutsam zu beseitigen. Laubreste, die ich im Herbst bewusst nicht entfernt, sondern als Beet- und Insektenschutz für den Winter liegen gelassen habe, werden jetzt ihrer nächsten Bestimmung übergeben.
Nachdem sie im letzten Jahr ihre Muttergewächse mit Nährstoffen versorgten, Schatten spendeten, im Winter als Schlafstätte

Bärlauchpesto

100 g gehackte Bärlauchblätter (vor der Blüte geerntet) werden mit 10 g Meersalz und etwas Olivenöl im Mixer püriert, bis eine homogene breiige Masse entstanden ist. Diese Paste sollte nicht zu flüssig sein, sodass sie mit der Zugabe von Olivenöl vorsichtig sein sollten. Das Bärlauchpesto wird teelöffelweise über die fertig gekochten Nudeln gegeben und mit diesen vermischt.

Das Pesto-Grundrezept mit 100 g Kräuterblattmasse und 10 g Kochsalz gilt übrigens für alle Pasten, die Sie aus Würzkräutern herstellen können. Sehr gut schmecken auch Pasten aus Basilikum, Petersilie, Liebstöckel, Estragon oder Mischungen aus diesen Kräutern.

für so manches Getier dienten und für die Erde einen lockeren Wintermantel gebildet hatten, befördere ich sie nun auf den Kompost. Mit diesem gelangen sie dann zu ihrem letzten Ziel – in den Schoß der Mutter Erde zurück. Meine Gärten sehen nach solch einer Aktion wieder richtig ordentlich und frühlingshaft aus.

Da die schönen Tage im zeitigen Frühjahr noch dünn gesät sind, nutze ich die wenigen schönen Tage dazu, hinter Glas die Aussaaten für die kommende Saison vorzunehmen. Man sollte allerdings nicht zu früh damit anfangen. Die Frühlingsseiten von so manchem „Gartenheft“ verleiten zwar immer wieder dazu, aber Sie sollten daran denken, dass die so entstehenden Pflänzchen noch lange nicht nach draußen gepflanzt werden können. Der Platz hinter dem Fenster wird also ziemlich eng werden und so mancher Sämling schießt vorzeitig ins Kraut, sodass er den Anforderungen unter freiem Himmel nicht mehr gewachsen ist und eingeht.

Damit sich Ihre Pflanzenbabys an das Klima außerhalb der Kinderstube gewöhnen können, sollten Sie ihnen bei warmer Witterung einen stundenweisen Aufenthalt im Freien verordnen.

Da ich als Kräuterhexe in meinen Kräutergärten in erster Linie mehrjährige Staudenkräuter angepflanzt habe, die mich jedes Jahr mit neuem Austrieb erfreuen, hält sich die Vorkultur von einjährigen Kräutern und Blumen in Grenzen. Es gibt jedoch so eini-

Die Blüten der Kornelkirsche gehören zu den Frühlingsboten.

Das Frühjahr ist die Zeit der Aussaat, allerdings sollten viele Kräuter erst einmal hinter Glas angezogen werden. Im April können viele Heilkräuter aber auch schon direkt im Freiland ausgesät werden.

ge Spezialisten unter den Kräutern, die es vorziehen, besonders umsorgt zu werden. Dazu gehört an erster Stelle die liebe Petersilie. Vielleicht liegt es aber auch nur an meinem hitzigen Keuperboden, der alle Freilandaussaaten dieses Suppenkrautes zunichte macht. Eine Vorkultur im Blumenkasten hat sich hier bewährt.

Dann wäre da auch noch der Dill. Er lässt sich von mir als Sämling auch lieber verhätscheln und anschließend auspflanzen, anstatt sich selbst zu entwickeln. Parallelen dazu gibt es jedoch auch unter den Menschen. Petersilie, Dill und alle anderen Aussaaten bekommen von mir hin und wieder auch einen guten Schluck Brennnessel- oder Zinnkrauttee, damit sie gesund und kräftig werden.

Die Kräutergartensaison ist eröffnet

Anfang März beginnt dann die eigentliche Kräutergartensaison. Nach einer Bestandsaufnahme in meinen Gärten wird mein Gartenplan dann ein letztes Mal korrigiert. Erst jetzt sind nämlich die „Dahingeschiedenen" des Winters zu erkennen. Der Neuaustrieb ist deutlich sichtbar, sodass jetzt auch die dürren und verfrorenen Pflanzenteile zurückgeschnitten oder ganz beseitigt werden können. Da ich im Herbst grundsätzlich keine Kräuterstauden zurückschneide, werden jetzt im März die etwas zu groß geratenen Exemplare des letzten Jahres gründlich gestutzt, damit sie mit zunehmender Wärme wieder buschiger austreiben können.

Jetzt ist auch die ideale Pflanzzeit für neue Kräuterstauden. Der Boden muss allerdings unbedingt frostfrei sein und längere Kälteperioden sollte man nicht mehr befürchten müssen. Da das Wetter jedoch immer wieder Überraschungen mit sich bringt, ist es sinnvoll, sich für alle Fälle mit Abdeckmaterial zu versorgen.

In den ersten Frühlingswochen bin ich häufig auch damit beauftragt, in Gartencentern zur Entlastung des Personals in Sachen Kräuteranbau mit Rat und Tat zur Verfügung zu stehen. Ab Anfang März werden die Kräuterpflanzen aus Italien, Süddeutschland und dem Niederrhein im Handel angeboten und verleiten natürlich auch zum Kauf. An solchen „Kräutertagen" im März werde ich dann häufig gefragt, ob man denn diese Kräuter schon auspflanzen könnte. Die Antwort kann nicht pauschal ausfallen, da es immer auf die Art und Qualität der einzelnen Pflanze ankommt. Gut durchwurzelte Topfware aus zweijähriger Kultur ist bereits so robust und abgehärtet, dass sie den Umzug ins

Kräuterbeet auch in dieser Zeit gut übersteht. Sie sollten daher darauf achten, dass Sie kompakte große Exemplare, selbst wenn vielleicht noch nicht alle Triebe besonders groß entwickelt sind, bei Ihrem Pflanzeneinkauf bekommen. Diese werden dann an einem möglichst trüben Tag ausgepflanzt und gut angegossen, selbst wenn das Wetter sowieso regnerisch ist. Als Topfware in guter Qualität bekommt man um diese Zeit Oregano, Thymian, Salbei, Zitronenmelisse und Rosmarin.

Etwas anders verhält es sich mit kleinen Kräutertöpfchen, die außerdem noch in Folie eingeschweißt sind. Hier handelt es sich überwiegend um Sämlinge, die mit Wärme, Licht und Nährlösung schnell herangewachsen sind. Es sind regelrechte Schwächlinge, die wir nur mit viel Aufwand und Liebe aus dem „Gröbsten“ herausbekommen, ohne dass sie auf der Strecke bleiben. Um ihnen ein Überleben zu sichern, werden sie zunächst einmal pikiert, das heißt vereinzelt und separat in ein größeres Pflanzgefäß eingepflanzt. In diesem Gefäß werden sie hinter Glas weiter gepflegt, bis sich kräftigere Pflanzen daraus entwickelt haben. Diese werden dann ab und zu nach draußen gestellt, um sie abzuhärten. Erst wenn sie kräftig genug sind, den Kampf mit dem Wetter und anderen Genossen im Kräuterbeet zu bestehen, können sie ausgepflanzt werden. Und das wird nicht vor Mitte Mai sein.

Im März steht der Rückschnitt der Pflanzen an.

Sie sehen also, der relativ geringe Anschaffungswert macht sich im Mehraufwand in Zeit und Arbeit bemerkbar.

Basilikum wird ebenfalls bereits im März als Topfware angeboten. Hier verfahren wir genauso, jedoch mit dem Unterschied, dass dieses Kraut grundsätzlich in einem Kräutergefäß kultiviert wird und erst Ende Mai nach draußen gestellt werden kann.

Frühling an meiner Kräuterspirale

Gierschspinat

1 kg frisch geerntete junge Gierschblätter werden gründlich in warmem Wasser gewaschen. Danach lässt man sie in einem Salatsieb abtropfen.
In der Zwischenzeit wird eine kleine Zwiebel geschält, in Würfel geschnitten und zusammen mit 4 EL Speckwürfel in einem großen Topf in etwas Olivenöl glasig gedünstet. Man gibt dann die Gierschblätter hinzu und lässt sie ebenfalls andünsten, bis sie zusammengefallen sind.
Mit wenig Wasser und etwas Meersalz wird das Gierschgemüse noch etwa 10 min. bei geschlossenem Topf weiter gegart.
Nun nimmt man den Topf vom Herd, gießt 0,5 Becher süße Sahne dazu und lässt alles zusammen noch einmal auf dem Herd heiß werden. Es soll aber nicht kochen!
Der fertige Gierschspinat wird zum Schluss mit etwas Knoblauch, Muskatnuss, Meersalz und Pfeffer gewürzt und sofort serviert.

Bodenvorbereitung

Bevor wir jedoch an Pflanzung oder Aussaat gehen, müssen die Beete vorbereitet werden. Zunächst wird der Boden mit Hilfe der Grabegabel oder des Sauzahnes gelockert, aber nicht umgegraben. Auf diese Art und Weise werden die Bodenorganismen geschützt, sodass sie ihre Aktivitäten für einen fruchtbaren Boden ungestört weiterführen können. Über diese Tatsache wird sich übrigens auch Ihr Rücken freuen, denn umgraben gehört nicht gerade zu den rückenfreundlichen Arbeiten.

Düngung

In den Frühling fällt auch die Zeit des Düngens. Meine Kräutergärten werden ausschließlich mit Kompost gedüngt. Bevor ich meine Pflanzbeete vorbereite, wird dieser mit dem Rechen von verbliebenen groben Bestandteilen befreit und mit etwas Rindenhäcksel vermischt. Anschließend wird diese Mischung auf den Beeten verteilt und mit der Grabegabel leicht untergearbeitet.
Wenn die Beete oder Pflanzflächen nun gut vorbereitet vor uns liegen, kann es los gehen.

Kauf von Samen und Pflanzen

Das Saatgut und die Pflanzen können beschafft werden. Das ist aber leider oft leichter gesagt als getan.
Während der Vorstellung meiner Kräutergärten im Verlauf meiner Kräuterwanderungen wiederholt sich häufig die Frage: Wo bekomme ich die ganzen Kräuterpflanzen her?
Viele meine Besucher haben offensichtlich leidvolle Erfahrungen in Sachen Kräuterpflanzenbeschaffung gemacht. In den meisten Fällen wird eine zu geringe Auswahl in den Gärtnereien und Pflanzencentern beklagt. Dazu kommt noch eine unvollständige oder gar keine Beratung. Nun, ich kenne das Problem und möchte Ihnen diesen Sachverhalt etwas näher erklären. Das Fachgebiet der Heil- und Würzpflanzen ist ein sehr umfangreiches und viele

kann. Nun kann es jedoch sein, dass Sie selbst mit einer detaillierten Kräuterliste nicht weiterkommen.
In diesem Falle bleibt dann nur die Möglichkeit, sich über einen Kräutergärtnerversand die Pflänzchen oder das Saatgut schicken zu lassen. Ich selbst habe sehr gute Erfahrungen damit gemacht. Die Pflanzenkataloge sind meistens sehr ausführlich beschrieben. Die Adressen der Kräutergärtnereien können Sie der einschlägigen Gartenliteratur im Anzeigenteil entnehmen. So viel zum Thema Pflanzenbeschaffung.

Gegen Ende des Frühjahrs kaufe ich kleine Kräuterpflänzchen zu und pflanze sie in meinen Hexengarten.

Gärtner oder im Gartenbau Beschäftigte sind schlicht und ergreifend damit überfordert. Sie wissen vielleicht noch den Namen der Pflanzen, aber über die Anwendung für den Hausgebrauch fehlen oft die Kenntnisse. Ich versuche seit Jahren, mit speziellen Kursen für Gartenbaufirmen diesen Mangel auszugleichen, aber die Resonanz ist sehr gering. Andere Pflanzenfamilien sind offensichtlich wichtiger! Ich gehe jedoch davon aus, dass sich diese Haltung in den nächsten Jahren aufgrund der Kundennachfrage ändern wird. Aber was tun wir, bis es soweit ist?
Glücklicherweise gibt es in der Zwischenzeit eine ganze Reihe spezieller Kräutergärtnereien, die sowohl andere Gärtnereien beliefern und selbst verkaufen, als auch einen Versandhandel betreiben.
Daher gebe ich immer wieder den Tipp, eine exakte Pflanzenliste mit lateinischen und deutschen Namen zu erstellen und mit dieser in der nächst gelegenen Gärtnerei sein Glück zu versuchen. Wenn erst einmal bekannt ist, was man wünscht, so ist die Beschaffung meistens möglich. Die Auswahl vor Ort ist, meiner Meinung nach, häufig nur deswegen so gering, weil man sich nicht auskennt und die Kundenwünsche nicht genau genug beurteilen

Pflanzung und Ernte

Die ideale Pflanzzeit für Kräuterstauden ist in den Monaten März bis Mai. Die noch feuchte aber zunehmend wärmere Witterung begünstigt ein schnelles Anwachsen, sodass bereits im Sommer mit der ersten Ernte begonnen werden kann. Diese Ernte sollte allerdings noch etwas sparsam erfolgen, damit die Pflanzen nicht zu sehr geschwächt werden.

So manches Wildbegleitkraut wird mit der Grabegabel entfernt.

Auch Kieswege müssen sauber gehalten werden.

Die Wildkräuterernte in meinem Landschaftsgarten findet jedoch bereits ab Ende Februar in vollem Umfang statt. Jetzt ist die richtige Zeit, um mit Wildkräutern wie Brennnessel, Löwenzahn, Bärlauch, Spitzwegerich, Gänseblümchen, Schafgarbe, wildem Schnittlauch und vielen anderen mehr eine Frühlingskur zur Entschlackung, Blutreinigung und allgemeinen Stärkung durchzuführen. Die „wilde Küche", unterstützt durch so manche leckere Teemischung, macht aus dieser Kur ein Fest für Körper und Sinne. Mitte bis Ende April, je nach Wetterlage, neigt sich die Wildkräuterernte dem Ende entgegen, da die meisten Kräuter dann ihre Blüten ausbilden und die Blätter derb und bitter werden. Für eine kurze Zeitspanne können wir uns dann leckere Rezepte mit der Blüte von der Wiese zubereiten.

Der Kräutergarten im Sommer

Wann ist im Kräutergarten Sommer? So banal diese Frage auch klingen mag, die Antwort darauf ist gar nicht so einfach. Was den Hausgarten und die Terrasse betrifft, so habe ich es da wesentlich leichter. In Sternenfels ist Sommer, wenn ich meine Nachbarn wieder sehe. Das ist meistens im Mai.

Nach einer freudigen Begrüßung auf der Terrasse werden gemeinsam die Gartenmöbel aus dem Winterlager geholt und die

Fitnessdrink mit frischen Kräutern

Ein halber Becher Naturjoghurt wird mit 200 ml Frischmilch verrührt. Dann gibt man 2 bis 3 EL fein gewiegte Wild- und Gartenkräuter, eine Prise Salz und 1 EL Zitronensaft dazu. Das Ganze wird zum Schluss mit dem Mixer kurz aufgeschäumt und sofort serviert. Mögliche Kräuter: Petersilie, Schnittlauch, Kresse, Bärlauch, Kerbel, etwas Minze, einige Schafgarbenblättchen, Vogelmiere, Brennnessel etc.

Open-Air-Saison wird eröffnet. Es gibt viel zu erzählen, denn man hat sich ja schließlich den ganzen Winter nicht gesehen und auch das Frühjahr wurde meistens noch „intern" verbracht.

Doch an den ersten lauen Sommerabenden erfahre ich dann, wer den Winter über gestorben ist oder wo es Nachwuchs gab oder gibt, wer heiratet und noch so manche andere Begebenheit, wie sie eben in einer dörflichen Gemeinschaft so vorkommt. Wie Sie merken, lebe ich tatsächlich „auf dem Land".

So weit so gut. Der Sommer beginnt für eine Kräuterhexe dann, wenn sich die Blüten der Bibernellrose öffnen. Diese Wildrosenart gedeiht nur im milden Weinbauklima, so wie es in meinem Landschaftsgarten vorherrscht. Die blassgelben, nach Zitrone duftenden einfachen Blüten öffnen sich bereits Ende April und sind für mich ein Zeichen dafür, dass der Sommer Einzug hält. Der Übergang des Frühlings in den Sommer geschieht langsam, denn die ersten Wildrosen öffnen sich bereits, wenn die späte Frühlingsflora wie Maitulpen, Obstbäume und Wiesen noch in voller Pracht stehen.

Der Kräutergarten beginnt jetzt damit, sein schönstes Kleid anzuziehen. Das Gras in den Wiesen wächst enorm, genauso wie die „Wildbegleitkräuter" im Kräutergarten. Einen Teil dieses Unkrautes, wie es landläufig bezeichnet wird, lasse ich jedoch bewusst stehen, denn es sind häufig auch wichtige Heilpflanzen. Diese muss ich dann nicht extra aussäen. Das ist von besonderem Nutzen, denn die Monate Mai, Juni, Juli zählen zu den arbeitsintensivsten überhaupt.

Wenn meine Kräuter es zulassen, genieße ich gerne die Sonnenstunden auf meiner Terrasse.

Die Arbeiten des Sommers

Ab Mitte Mai können nämlich alle kälteempfindlichen Stauden und die vorgezüchteten „Einjährigen" ausgepflanzt werden. Dazu kommt noch die Bepflanzung der Fensterkästen, die ebenfalls Zeit in Anspruch nimmt.

Der Beginn der Kräuterblüte in Feld, Wald und Garten bedeutet auch gleichzeitig den Beginn der Kräuterernte. Ich weiß in dieser Zeit manchmal wirklich nicht mehr, wo ich zuerst anfangen soll. Ohne eine exakte Vorplanung geht es einfach nicht mehr.

Spätestens im Mai nach den Eisheiligen werden bei mir wie überall die Kübelpflanzen nach draußen gebracht. Lorbeer, Rosmarin und Zitronenstrauch haben bereits im April ihr Terrassendomizil bezogen, da sie zu den weniger empfindlichen Kübelpflanzen gehören und mit den teilweise noch recht kühlen Temperaturen gut zurechtkommen. Meine Duftgeranien stehen hinter Glas bereits seit Ende März oder spätestens seit Anfang April in voller Blüte. Ich schneide sie jetzt zurück und verfrachte sie, mit einem Langzeitdünger versorgt, ebenfalls nach draußen.

Die Myrte erfreut mich im August stets mit ihrer Blütenpracht.

Seit vielen Jahren besitze ich eine Brautmyrte, die sich zu einem stattlichen Strauch entwickelt hat und die mir ganz besonders am Herzen liegt. Auch sie bekommt jetzt wieder ihre Sommerfrische und belohnt mich seit Jahren mit üppigem Blütenflor im August. So manches Myrtenkränzlein habe ich schon von ihr gebunden und getrocknet.

Viele jüngere Menschen kennen schon gar nicht mehr den Brauch des Myrtenkranzes als Brautschmuck. Er war das Symbol für ewige Liebe und Verbundenheit. Nun ja, er hat im Zeitalter der LAP's (Lebensabschnittspartner) wohl auch ausgedient. Schade! So bleibt wohl lediglich die Anwendung von Myrte vor allem bei Bronchitis sowie Stirn- und Nebenhöhlenentzündungen aktuell.

Olivenbäumchen, Zitronengras und Stevia (peruanischer Süßstrauch) gehören ebenso wie die Myrte zu meinen Sommerterrassenbewohnern und genießen die Sonnenstrahlen in vollen Zügen. Verschiedene Basilikumarten, die ich grundsätzlich nur in Kästen kultiviere, werden jetzt ebenfalls an eine geschützte Stelle in Hausnähe gerückt und täglich auf Schneckenbefall kontrolliert.

Apropos Schnecken

Auch sie gehören zu den Plagen des Sommers und das besonders, wenn er warm

Kräuterpfannkuchen

Für den Teig mischen Sie 1 Tasse Mehl mit 1 Tasse Milch, 1 bis 2 Eiern und etwas Kräutersalz. Es sollte ein glatter, flüssiger Ausbackteig entstehen. Dieser wird mit frischen Gartenkräutern Ihrer Wahl und/oder mit Wildkräutern wie Giersch, Knoblauchrauke, Brennnessel oder Hopfensprossen, alles fein gewiegt, gemischt und in der heißen Pfanne mit wenig Olivenöl goldbraun ausgebacken. Dazu passt feines Gemüse, Schinken oder eine Hackfleischsoße.

Man rührt zunächst einen Teig aus Mehl, Milch und Eiern an und gibt dann die fein gewiegten Kräuter hinzu.

und feucht ausfällt. Meine Gärten werden von Igeln und Kröten bewohnt, sodass ich mich eigentlich nicht über eine Schneckenplage ärgern muss, aber manchmal wird es auch mir zu bunt. Besonders dann, wenn ich mühselig Neupflanzungen vorgenommen habe oder vorhandene Stauden erst gar nicht austreiben können, weil sie eben eine bevorzugte Schneckenmahlzeit abgeben.

Da das „Schneckenjagen", sprich das Aufsammeln von Schnecken, nicht gerade zu meinen liebsten Arbeiten gehört, habe ich schon vor Jahren damit begonnen, gefährdete Pflanzen mit Sägemehl zu schützen. Sägemehl, das natürlich von unbehandelten Hölzern stammen sollte, bildet in trockenem Zustand eine unüberwindliche Barriere. Selbst nach einem Regenguss trocknet es relativ schnell wieder aus, sodass sich der Schaden in Grenzen hält. Wenn die Pflanzen dann älter und widerstandsfähiger werden, wird diese Schneckensperre einfach untergeharkt.

Mediterrane Pflanzen lieben es heiß und trocken und decken ihren Wasserbedarf im Normalfall aus den auftretenden Regengüssen.

Hitze und Trockenheit

Üppiger Blumenschmuck vor den Fenstern gehört im Sommer zu den schönsten Anblicken, selbst in den Zentren der Großstädte. Auch das Kräuterhexenhaus wird auf diese Art sommerfein gemacht. Seit Jahren versuche ich immer wieder neue Kombinationen, um dem Geranieneinerlei entgegen zu wirken. Das ist allerdings gar nicht so einfach, denn am Schlossberg in Sternenfels herrschen im Sommer oft Backofentemperaturen.

Nach einigen herben Enttäuschungen in Form von total verschmachteten Balkonpflanzen habe ich mich für eine trocken- und wärmeliebende Kombination entschieden. Diese besteht aus verschiedenen Thymianarten, Hängegeranien (man kommt an ihnen doch nicht vorbei), Gräsern und Vertretern aus der Reihe der Sonnenblumen. Diese Kombination hat einen Mehrfachnutzen. Erstens ist die Optik abwechslungsreich, zweitens nehmen sie es mir nicht krumm, wenn ich sie nicht jeden Tag gieße und drittens sind Thymian und Gräser Ganzjahrespflanzen, sodass ich auch im Winter etwas Grün vor dem Fenster habe.

In der trockenen und heißen Jahreszeit ist es eben notwendig, die Pflanzen, sei es nun im Kübel oder im Garten, mit ausreichend Flüssigkeit zu versorgen, um ihren Bestand zu sichern. Nun gibt es jedoch auch hier große Unterschiede, was den

Wasserbedarf angeht. Ein intensiv bewirtschafteter Obst- und Gemüsegarten braucht mehr Wasser als ein Stauden-, Wald- oder gar einen Kräutergarten.
Meine Kräuterhexengärten verfügen über keinerlei Brunnen oder sonstige Wasserleitungen. Lediglich Regenwassertonnen stehen dort bereit. Es ist mir also gar nicht möglich, intensiv zu bewässern; doch das bringt keine besonderen Nachteile mit sich. Ein Staudenkräutergarten kann sehr wohl mit dem Wasser, das von „oben kommt", existieren und das selbst in den Sommermonaten. Im Gegenteil, eine ganze Reihe von Duft-, Heil- und Würzkräutern bevorzugt sogar eine Trockenperiode, um dann umso mehr Aroma ausbilden zu können. Lediglich nach einer Neupflanzung helfe ich mit Wasser aus dem Kanister nach, um ein gutes Einwachsen zu gewährleisten.
Für eine trockenliebende Bepflanzung, zum Beispiel im Steingarten, eignen sich die mediterranen Kräuter natürlich besonders, aber auch eine ganze Reihe anderer Heilpflanzen kommt mit diesen Bedingungen gut zurecht. Lediglich unsere klassischen Küchenkräuter wie Petersilie, Schnittlauch, Kerbel, Dill, Boretsch und andere brauchen ab und zu etwas mehr Wasser.
Sie sehen, ein Kräutergarten hat auch unter dem Aspekt der Arbeitseinsparung große Vorteile. Jetzt im Sommer, wenn alle Kräuter zu voller Größe heranwachsen, hat auch eventuell aufkommendes Unkraut nur geringe Chancen, da die Kräuterstauden für Dichte und Schatten sorgen. Licht und Wasser benötigt aber auch der robusteste Unkrautsamen, um sich entwickeln zu können.
Auch in meinem Wildkräutergarten in der Landschaft gibt es ausgedehnte Trockenrasen, Mauern und Felsabbrüche mit einer Vielzahl von Heil- und Würzkräutern, die nur unter solchen Bedingungen existieren können. Was wäre eine Kräuterhexe ohne Johanniskraut, Labkraut, Hauhechel, Blutwurz, Odermennig, Königskerze und Dost, um nur eine ganz kleine Auswahl an trockenliebenden Kräutern zu nennen.

Im Hochsommer müssen auch im Kräutergarten einige Pflanzen, besonders die in Kästen, regelmäßig gegossen werden.

Sommerliche Farbenpracht mit mediterranem Flair

Auch über den Garten-/Wiesensalbei (Salvia officinalis) *erfahren Sie Wissenswertes auf meinen Kräuterwanderungen.*

Meine Kräuterwanderungen

Das Leben einer Kräuterhexe im Sommer ist geprägt von Pflanzung, Pflege, Ernte und Verarbeitung der Kräuter aus Garten, Wald und Flur. Außerdem finden in dieser Zeit natürlich auch meine Kräuterwanderungen statt, sodass der Bereich „Freizeit“ eigentlich nicht mehr existiert. Das sieht auf den ersten Blick sehr bedauernswert aus, aber ich habe den Spieß einfach umgedreht. Die meisten Menschen brauchen ihre Freizeit, um sich vom Stress und den Belastungen des Alltages zu erholen. Häufig müssen sie Arbeiten verrichten, mit denen sie eigentlich unzufrieden und vielleicht sogar unglücklich sind.

Es ist einleuchtend, dass man sich dann einen Ausgleich in der freien Zeit wünscht. Diesen Ausgleich finden viele Menschen in ihrem Garten. Dort können sie wirken und werken, wie es ihnen gefällt. Ohne Fremdbestimmung werden dort Arbeiten verrichtet, die man auf Befehl nicht unbedingt ausführen würde.

Meine Kräuterwanderungen im Sommer finden großem Anklang.

Die Beschäftigung mit und in der Natur ergibt eine tiefe Zufriedenheit, wenn man abends nach getaner Arbeit auf das Geleistete zurückblickt und es sich zum Tagesausklang mit frischem Obst und Gemüse aus dem eigenen Garten gemütlich macht. Der Anblick eines vom Unkraut befreiten Beetes oder eines frisch gepflückten Blumenstraußes läßt sehr schnell alle Mühe vergessen.

Genauso ergeht es mir als Kräuterhexe mit all den Arbeiten und Aufgaben, die die Sommermonate mit sich bringen. Mein Beruf ist Arbeit, Freiheit und Freizeit zugleich! Sonst wäre ein solches Pensum gar nicht zu schaffen, und die Anerkennung von meinen Interessenten und Kun-

den gibt eine ganze Menge verbrauchter Energie zurück – auch ohne den berühmten Schokoriegel.
Die vielen Kräuterwanderungen eines Sommerhalbjahres verschaffen zusätzlich Bewegung in der frischen Luft. Die Wildkräuter am natürlichen Standort und die Kräuter des Kulturstandortes Garten werden bei diesen Exkursionen vorgestellt und deren Ernte und Verarbeitung besprochen.
Die Flora der Monate Mai und Juni ist besonders interessant, da jetzt fast alles in Blüte steht und die Blüte ist nun einmal das wichtigste Erkennungsmerkmal für viele Kräuter.
In meinem großen „Landschaftsgarten" blühen in dieser Zeit sämtliche Wiesen- und Waldblumen und meine Zuhörer erfahren eine Menge über die Eigenschaften von zum Beispiel Schafgarbe, Wiesensalbei, Johanniskraut, Hirtentäschel, Erdrauch, Nelkenwurz, Beifuss, Ampfer, Giersch, Knoblauchrauke und wie sie alle heißen.
Aber auch der richtige Erntezeitpunkt, das Trocknen und die vielfältigen Möglichkeiten der Verarbeitung dieser Kräuter werden ausführlich besprochen.
Ich möchte an dieser Stelle jedoch alle diejenigen Kräuterwanderer in spe ansprechen, die davon ausgehen, dass auf diesen Begehungen auch Kräuter gesammelt werden können. Das ist leider nicht der Fall. Dafür gibt es mehrere Gründe. Erstens führt der Weg nicht nur durch Wiese und Wald, sondern auch immer wieder durch Weinberge. Und diese werden nun einmal gespritzt. Zweitens verfügt die Umgebung von Sternenfels zwar über eine große Kräutervielfalt, jedoch nicht in solchen Mengen, dass jeder Kräuterwanderer sein Körbchen füllen kann, denn es gibt im Laufe eines Jahres ungefähr 30 Kräuterführungen und die nächste Gruppe möchte auch noch etwas sehen.

Heilkräuter aus der Natur: Wermut, Salbei und Königskerze

Die Konsequenz aus diesen verschiedenen Begründungen lautet also: Sie erfahren sehr viel bei meinen Kräuterwanderungen, aber statt Körben voller geernteter Kräuter müssen leider Handsträußchen genügen!

Die Zeit der Wegeriche

Der Sommer ist auch die Zeit der Wegeriche. Die Blätter des Spitzwegerichs werden vor der Blüte geerntet, klein geschnitten und danach rasch an einem warmen, schattigen Ort getrocknet. Auf diese Art wirken sie hervorragend als Hustentee, sowohl bei einem festsitzenden als auch bei einem „feuchten“ Husten.

Ich habe aber von den Wegerichen in der Mehrzahl gesprochen, denn neben dem Spitzwegerich gibt es noch einen Mittleren und einen Breitwegerich. Die Blattrosette des Breitwegerichs wächst ohne Stiele direkt aus der Erde und der Mittlere Wegerich sieht aus wie ein Breitwegerich mit Stiel. Auch die Blüten unterscheiden sich wesentlich, was im Sommer besonders gut zu erkennen ist. Alle Wegeriche sind aber nicht nur sehr gute Hustenlöser, sondern gleichzeitig auch hervorragende Wundmittel. Das wussten übrigens schon die Steinzeitmenschen, denn damals gab es eben nur grüne Pflaster zur Wundversorgung.

Verschieden Grüntöne schmücken dieses Kräuterbeet.

Die Blütenpracht von Salbei und Schafgarbe ist im Sommer lange zu bewundern.

Herr Dioskurides, den wir ja bereits kennen, beschreibt die Wegeriche ausführlich in ihrer heilkundlichen Bedeutung: „Die Blätter haben austrocknende und zusammenziehende Kraft, deshalb eignen sie sich zum Umschlag bei allen bösen Zufällen.“ Diese bösen Zufälle können uns im Sommer bei der Gartenarbeit oder bei Wanderungen in Form von Verletzungen, Insektenstichen oder Wasserblasen ereilen, sodass es durchaus nützlich ist, über die Wirkung des Wegerichs Bescheid zu wissen.

Wegeriche treffen wir auf der ganzen Welt an, sodass wir nur wissen müssen, wie sie aussehen und dass man die Blätter entweder zerkleinern oder quetschen muss, um mit dem Saft die Wunden bzw. die Stiche zu behandeln. Ein großes Blatt dient dann als grünes Pflaster.

Der Sommer übt auch auf die zwischenmenschlichen Beziehungen einen besonderen Reiz aus. Wenn Sie sich besonders bedrängt fühlen oder unter einer „angezauberten Liebe“ leiden, befreien Sie sich davon mit einem kräftigen Spitzwegericheinlauf. Das empfiehlt jedenfalls Hildegard von Bingen.

Die Rose – Königin der Blüte

Auch das Symbol der ewigen Liebe erblüht im Sommer mit seinen duftenden Blüten,

Bevor ich den Rittersporn zurückschneide, werden die letzten Büten für die Vase gepflückt.

wenn Sie bei der Pflanzung im Garten auf die Bedürfnisse der Königin der Blüten eingegangen sind. Die Wildform dieser Spezies wächst sowieso nur dort, wo sie optimale Bedingungen vorfindet. Was wäre ein Sommer ohne Rosen? In unseren Breiten fast unvorstellbar!

Es gibt in der Zwischenzeit auch eine ganze Menge von Verwendungsmöglichkeiten dieser Königin aus dem Pflanzenreich. Die Rose als Heilpflanze wird bei Fieber und Stoffwechselstörungen eingesetzt. Aber von der Heilwirkung einmal abgesehen, ein Duftrosenblütentee, frisch oder getrocknet, schmeckt einfach himmlisch. Es lohnt sich also, mit den Duftrosen im Garten eine besondere Ecke zu gestalten, um voll in ihren Genuss zu kommen. Gruppenpflanzungen mit Lavendel, Salbei, Ysop, Frauenmantel oder Katzenminze verstärken die Wirkung noch durch ihre Farben und den ihnen eigenen spezifischen Duft.

Das Thema Duftrosen war noch vor ca. 20 Jahren ziemlich unterrepräsentiert. Zu dieser Zeit waren Blütengröße, Farbe, Mehltauresistenz und Dornenfreiheit bei Rosenzüchtern weit mehr gefragt, als der Duft einer Rose. Ich erinnere mich deswegen noch genau daran, weil es für mich sehr schwierig war, englische Duftrosen für meinen Hausgarten zu bekommen. Auf Anfrage bekam ich die Antwort, solche Rosensorten würden bei uns nicht gedeihen. Gott sei Dank habe ich nicht darauf gehört und bin über Umwege doch noch an altmodische und gleichzeitig duftende Moosrosen gelangt.

Sommerliche Kräutersuppe mit Karotten

250 g Karotten werden geschält und in fingerlange Stückchen geschnitten. 1 Zwiebel und 1 Knoblauchzehe werden in Würfel geschnitten und in einem Topf in Olivenöl glasig gedünstet. Danach die Karotten dazugeben und noch einmal kurz andünsten. Das ganze wird mit 1 l Wasser aufgegossen und mit 1 EL Meersalz gewürzt, dazu gibt man 2 Stängel Liebstöckel. Nun kocht man die Karotten ca. 15 min., bis sie weich sind. In der Zwischenzeit werden Gartenkräuter wie Kerbel, Petersilie, Schnittlauch, Basilikum, Boretsch, Liebstöckel, wenig Bohnenkraut, Giersch und Brennnesselblätter fein gehackt und in die Karottensuppe gegeben. Das Ganze lässt man noch einmal 5 min. leicht köcheln und püriert zum Schluss die Karotten mit den Kräutern (es kann sein, dass Sie noch etwas Wasser ergänzen müssen). Die Karottenkräutercremesuppe wird mit 3 EL süßer Sahne verfeinert und mit einigen Karottenstückchen garniert und serviert.

Blühender Mohn auf den Feldern – es ist Sommer

Dieser Aufwand hat sich gelohnt, denn ich erfreue mich seit jener Zeit alljährlich an meinen Königinnen, die sich übrigens prächtig entwickelt haben. Es geht eben nichts über eigene Erfahrungen.

Die Kräuterernte

Den Duft meiner Moosrosen kann ich jedoch selten so lange genießen, wie ich es eigentlich möchte, nämlich den ganzen Tag über, denn sowohl im Kräutergarten als auch in der freien Landschaft beginnt jetzt die Erntezeit für Kräuterhexen.

Also heißt es für mich mit Korb und Messer bewaffnet durch Feld, Wald und Wiese zu streifen, um meiner ureigensten Kräuterhexentätigkeit des Sammelns nachzukommen. Dabei darf ich eine Kopfbedeckung nicht vergessen, denn der beste Erntezeitraum liegt zwischen zehn und dreizehn Uhr, also genau zu jener Tageszeit, in welcher man sich einen anständigen Sonnenbrand holen kann. Diese Tageszeit ist aber wichtig, denn der Morgentau ist abgetrocknet und der Nachmittagsdunst eines Sommertages noch nicht vorhanden. Nur so kann ich die Trocknungszeit für meine Kräuter so gering wie möglich halten. Aus diesem Grunde sammle ich auch nicht bei Regen oder feuchter Witterung.

Das gleiche gilt natürlich auch für die Kräuterernte im Garten. Ob ich nur einzelne Blätter abzupfe oder ganze Büschel ab-

Die Blüten der Ringelblumen werden einzeln abgezupft.

schneide, hängt davon ab, wie groß eine Pflanze ist und was ich davon brauche. Blüten zum Beispiel von Ringelblumen, Rosen, Lavendel, Schafgarbe usw. werden natürlich einzeln abgezupft. Es gibt jedoch eine Ausnahme: Die Kornblumenblüten. Um das himmlische Blau dieser Schmuckdroge auch nach dem Trocknen noch zu erhalten, werden die Kornblumen als ganzes Kraut geerntet und zwar genau zu dem Zeitpunkt, wenn sich die ersten Blüten öffnen. Diese werden dann nach dem Trocknen einzeln abgestreift. Wartet man mit der Ernte zu lange, so verblassen die Blüten und zerfallen.

Salbei- und Melissenblätter werden ebenfalls einzeln abgezupft und auf einem mit Stoff bezogenen Holzrahmen getrocknet. Pfefferminze, Thymian, Rosmarin, Oregano und andere ernte ich büschelweise und streife die Blätter erst nach dem Trocknen ab. Zinnkraut, Hirtentäschel, Löwenzahn, Goldrute, Waldmeister, Quendel und andere werden als ganzes Kraut geerntet und nach dem Trocknen zerkleinert.

Zu diesen Krautdrogen gehört auch der Frauenmantel, dessen positive Wirkung bei Frauenleiden in der Zwischenzeit bewiesen wurde. Dabei handelt es sich allerdings um die Wildform dieser Pflanze, die in Almwiesen ab ca. 400 m Höhe anzutreffen ist.

Häufig kennt man aber nur den Gartenfrauenmantel, der im Staudensortiment der Gärtnereien angeboten wird. Dieser besitzt reinen Zierwert und ist als Heilpflanze ungeeignet. Ich schreibe dies deswegen, weil ich immer wieder danach gefragt werde. Der Gartenfrauenmantel passt hervorragend in duftige Sommersträuße und lässt sich auch sehr gut trocknen, sodass er in der Trockenfloristik ebenfalls gerne verwendet wird.

Alle Krautdrogen, wie auch die Blattdrogen, werden vor der Blüte geerntet. In diesem Stadium besitzen die Stiele und Blätter den höchsten Wirkstoffgehalt. Manche Kräuter sind bei der Ernte sehr „schmutzig", wie so manche besorgte Hausfrau sagen würde. Das schadet jedoch nichts, da der Sand und die Erde während des Trocknens abfallen. Wenn Sie solche Kräuter vor dem Trocknen waschen, richten Sie einen wesentlich größeren Schaden an, denn die meisten werden, bevor sie trocken sind, verderben. Lediglich für die Frischzubereitung ist gründliches Waschen absolute Voraussetzung.

Rechts: Viele Kräuter ernte ich, wie anno dazumal, mit einer Sichel.

Links: Auch die Ernte des Weinberglauchs gehört in diesen Wochen zu meinen Aufgaben.

Tomatengelee pikant

1 kg reife Sommertomaten werden heiß überbrüht und geschält. Die geschälten Tomaten werden in Stückchen geschnitten und durch ein sauberes Küchenleintuch ausgepresst. Der so entstandene Tomatensaft wird abgemessen, mit Kräutersalz, Pfeffer und 1 – 2 EL Aceto balsamico gewürzt und mit einem kaltlöslichen Geliermittel, zum Beispiel Agaragar, verrührt (laut Angabe auf der Tüte) und in eine Puddingform gegossen. Diese stellt man in den Kühlschrank und lässt die Masse über Nacht gelieren. Der „Tomatenpudding" wird auf eine Platte gestürzt und mit Karotten, Gurken oder frischen Salatblättern garniert. Dazu schmeckt ein leicht überbackenes Knoblauchbaguette.

Auf diesem Stuhl haben Frucht- und Pfirsichsalbei Platz genommen.

Erntezeitpunkt und Verarbeitung

Neben der richtigen Tageszeit ist auch der richtige Erntezeitpunkt zu berücksichtigen. Alle Blütenkräuter werden geerntet, wenn sich die ersten Blüten öffnen. Die Blätter der Heil- und Würzpflanzen besitzen vor der Blüte den höchsten Wirkstoffgehalt. Die Wurzeln erntet man im Herbst oder im zeitigen Frühjahr vor dem Neuaustrieb. Krautdrogen werden ebenfalls vor der Blüte, in einzelnen Fällen auch zu Beginn der Blüte geschnitten.

Eines gilt jedoch für alle Erntekräuter: Sie sollten noch am gleichen Tag verarbeitet werden. Sei es nun zum Trocknen oder als Frischkräuter für Tee, Essige, Öle, Schnäpse usw., denn nur so behalten sie ihr volles Aroma und ihre Heilkraft.

So wie der Garten und die Natur auf Wasser angewiesen sind, so sind wir es als Menschen ebenfalls. Und das besonders in den Sommermonaten. Ich selbst bin eine leidenschaftliche Quellwassertrinke-

Botanikunterricht im Freien

rin, aber gerade im Sommer veredle ich dieses sehr gerne mit den frischen Kräutern aus Garten und Flur.
Ein Eistee nach Art der Kräuterhexe besteht aus frischem Zitronengras, frischer Zitronenmelisse und einigen Blättern des Zitronenstrauches, abgerundet mit Malven- und Rosenblüten und ein bis zwei Blättern Mitchamminze. Das frische Zitronenaroma entfaltet sich schnell, wenn ich diese Mischung mit heißem Wasser überbrühe, dagegen entfaltet es sich langsam und schonend bei einem Kaltansatz mit diesen Kräutern. Wenn Sie es selbst einmal probieren möchten, werden Sie sehen, dass solch ein erfrischender Sommertee keine künstlichen Aromastoffe nötig hat.
Ist die Hitze gar zu stark und Sie leiden unter starker Schweißbildung, ergänzen Sie diese Mischung einfach mit zwei bis drei Blättern Salbei pro Tasse und die schweißreduzierende und kreislaufstärkende Wirkung dieses Gartenkrautes wird sich bemerkbar machen. Alle eventuell vorkommenden Teereste werden vergossen und die Pflanzenrückstände als Mulchmaterial weiter verwendet. Wie Sie sehen, leben Sie auf diese Art und Weise voll im Einklang mit der Natur.
Sie dürfen nur nicht vergessen, immer eine Thermosflasche mit kochendem Wasser dabei zu haben, mit welchem Sie selbst in den entlegendsten Gartenwinkeln Ihren Kräutertee frisch aufbrühen und genießen können. Dies ist vor allem auch sinnvoll, wenn Sie mit dem Auto unterwegs sind!

kraut oder Brennnessel als Stärkungsmittel hineingegeben werden. Nach erfolgter Pflanzung wird noch einmal gründlich angegossen, sodass sich die Erde um die Wurzel gut ansetzen kann. Und jetzt wird es für viele Gartenanfänger hart, denn das Kraut, und wenn es noch so schön blüht, muss kräftig zurückgeschnitten werden. Nur so kann sich Ihr Neuankömmling auf das Anwachsen konzentrieren. Danach wird er Sie jedoch mit einem kräftigen Neuaustrieb entschädigen.

Nun, was die trüben Tage im Sommer betrifft, so können wir uns in manchen Jahren über deren Häufigkeit nicht beklagen. Lange Schönwetterperioden gehören eher zu den Seltenheiten des mitteleuropäischen Sommers, sodass so manche alte Gärtnerweisheit aus den letzten hundert Jahren an Gültigkeit verloren hat. Leider! Im Zeitalter der Klimaveränderung müssen wir uns an andere jahreszeitliche Abläufe gewöhnen. Wir „Naturmenschen" nehmen diesen Vorgang wesentlich stärker wahr als es wohl ein Großteil der Bevölkerung je wahrnehmen könnte. Wir sollten uns daher über die vorgegebenen Zeiträume der Jahreszeiten etwas hinwegsetzen und uns über jeden echten Sonnentag freuen.

Pflanzung im Sommer

Die Hauptpflanzzeit für Kräuter habe ich bereits für das Frühjahr angegeben, es kann jedoch sein, dass auch in den Sommermonaten das eine oder andere Kräutlein gepflanzt werden muss. Es ist mir auch schon häufig passiert, dass ich auf meinen Streifzügen durch verschiedene Kräutergärtnereien auf irgendwelche Exemplare gestoßen bin, die ich unbedingt in meinem Garten haben wollte.

Die Pflanzung ist also auch in der Sommerzeit möglich, wenn man einige wichtige Punkte berücksichtigt: Frisch erstandene Topfkräuter werden zunächst einmal gründlich gewässert. Danach sollte man sich einen möglichst trüben Tag aussuchen, um die Pflanzen an Ort und Stelle auszubringen. Das Pflanzloch wird groß genug ausgehoben und zunächst einmal mit Wasser gefüllt. Während dieses versickert, können klein geschnittenes Zinn-

Sortenvielfalt

Doch zurück zu unserer Sommerflora. Vor einigen Jahren war es mit der Sortenvielfalt an Pflanzen speziell für den Kräutergarten

noch sehr schlecht bestellt. Es gab die üblichen Küchenkräuter und einige wenige mediterrane Stauden wie eben Salbei, Rosmarin, Thymian usw. als Einzelsorten.
Es haben sich in der Zwischenzeit eine ganze Reihe von Staudengärtnereien auf den Anbau und die Zucht von Kräutern spezialisiert, was zu einem wesentlich größeren Angebot und einer größeren Artenvielfalt geführt hat. Salbei ist nicht mehr gleich Salbei, sondern wir haben die Qual der Wahl unter Ananassalbei, buntblättrigem Salbei, rotblättrigem Salbei, gelbbuntem Salbei, Muskatellersalbei, Pfirsichsalbei, Fruchtsalbei, und das sind noch lange nicht alle Sorten.
Ähnlich ergeht es einem Kräutergärtner, wenn er sich für Thymian, Oregano, Basilikum und Minzen interessiert. Wer hätte das gedacht!
Wer jedoch über genügend Platz verfügt, kann sich von diesen Pflanzenarten die ganze Familie zulegen, was durchaus seinen Reiz hat. Durch die verschiedenen Wuchs-, Blüten- und Blattformen ist eine lebhafte Gestaltung des Kräutergartens möglich. Ganz zu schweigen von dem Dufterlebnis, das eine solche Anlage besonders in den Sommermonaten mit sich bringt.
Aber auch eine bunte Vielfalt von einzelnen Kräutersorten ergibt einen besonderen Reiz im sommerlichen Kräutergarten. Sie müssen nur darauf achten, dass Sie die einzelnen Pflanzen weit genug auseinander setzen, damit sie sich ungestört entwickeln können.
Eine besonders schöne Art des Kräuterbeetes ist das Leiter- oder Quadratebeet. Dazu wird entweder eine ausgediente Holzleiter auf das Beet gelegt oder man bastelt aus Längs- und Querlatten eine leiterähnliche Konstruktion, die ebenfalls auf das Beet gelegt wird. Nun können „die Sprossenfelder“ mit den einzelnen Kräutersorten bepflanzt werden. Auf diese Weise erhält man ein symmetrisches, übersichtliches und vielfältiges Kräuterbeet.
Kleine Schilder mit den entsprechenden Kräuternamen erleichtern die Ernte.

Der Sommer ist im Garten doch die schönste Zeit.

Mit Terrakottatöpfen und Dekoartikeln lassen sich Garten und Terrasse besonders schön schmücken.

Deko-Ideen für Garten- und Sommerfeste

Nach meinen Beobachtungen der letzten Jahre lässt sich nicht nur ein Trend zum Kräutergarten feststellen, sondern auch ein Trend in Richtung Gartenschmuck. Der Garten wird zunehmend als grünes Zimmer empfunden, in welchem man es sich auch gemütlich machen möchte. Die Wohnungen sind in der Zwischenzeit mit allen erdenklichen Möbeln und Deko-Artikeln ausgestattet, sodass man jetzt den Garten in Angriff nimmt.

Diese Tendenz bekomme ich täglich in meinem Geschäft zu spüren. Die Nachfrage an Deko-Gegenständen für den Außenbereich verstärkt sich in den Sommermonaten ständig. Rosenkugeln, Holz- und

Terrakottafiguren, bunte Kübel, griechische Götter in weiß, gefährlich aussehende Löwen als Türwächter, bunte Vogelhäuser, Korbwaren, Kandelaber, Schwimmtiere für den Teich und nach wie vor Gartenzwerge sind beliebte Schmuckelemente für das Zimmer im Grünen. Unter dem Motto „Kitsch as Kitsch can" hat sich ein ganzer Industriezweig entwickelt, um diesem Bedürfnis nachzukommen. Wenn ich für meinen Wareneinkauf über die Verbrauchermessen schlendere, stehen mir nicht selten die Haare zu Berge.

Kräuterhexen gehören jedoch auch zu den toleranten Menschen, sodass ich mich nicht in den Geschmack anderer Leute einmische. Aber seine Meinung sollte man nun einmal sagen dürfen. Viele Gestaltungsbeispiele sind auch wirklich gelungen, besonders dann, wenn sie aus Naturmaterialien gefertigt sind und im Einklang mit ihrer pflanzlichen Umgebung stehen.

Das „grüne Zimmer" wird in der Sommerzeit, und häufig sogar bis in den Herbst hinein, nicht nur zum Arbeiten und Ausruhen, sondern von vielen Gartenbesitzern auch als Rahmen für eine ganz besondere Art der Entspannung benutzt, nämlich für Gartenfeste. Sie gehören ebenfalls zu den Freuden der warmen Jahreszeit und werden bei entsprechendem zivilisiertem Verhalten auch gerne von den Nachbarn geduldet, besonders dann, wenn sie dazu eingeladen werden. Sommerfeste können spontan und ohne große Planung gefeiert werden. Wem das allzeit übliche Würstchengrillen etwas zu langweilig erscheint, kann jedoch mit etwas Planung eine solche Veranstaltung unter ein bestimmtes Thema stellen. Ich finde so etwas viel spannender und interessanter.

Das Fest in einem Kräutergarten könnte zum Beispiel unter dem Motto einer einzelnen Pflanze stehen, wie zum Beispiel ein „Oreganofest". Die Tischdekoration und die angebotenen Speisen bestehen dann entweder nur oder aber in der Hauptsache aus diesem Kraut. Kleine Sträußchen aus Oregano und anderen Duft- und Würzkräutern liegen für jeden Gast auf seinem Teller bereit, damit man sie anschließend mit nach Hause nehmen kann. Solche Würzsträußchen eignen sich hervorragend zum Trocknen, sodass der gesellige Abend noch lange in duftender Erinnerung bleibt. Auf diese Art können Sie sogar noch so mancher Speise im Nachhinein ihre Würze verleihen. Genauso gut kann ich mir eine Tomatenparty, einen Lavendelabend oder ein Bohnenkrautfest vorstellen. Vielleicht gefällt Ihnen dieser Vorschlag und Sie kommen noch auf ganz andere Ideen.

Edelrose in voller Blüte

Umtopfen: Gewässerte Pflanze aus altem Topf nehmen. Tote Wurzeln und nicht durchwurzelte Erde entfernen. Über Abzugsloch des neuen Topfes Tonscherbe legen. Etwas Erde einfüllen, Pflanze einsetzen. Zwischenräume mit Erde füllen, andrücken, gießen.

Romantische Dekoration für Sommerabende – Windlichter mit getrockneten Blüten und Lavendel

Für Kinder könnte ich mir gut ein Pflanzenmärchenfest vorstellen, bei dem man selbst einmal das Dornröschen spielen darf und anschließend mit Leckereien aus Rosen belohnt wird. Frau Holle schüttelt ihre Betten aus, während der Holunder blüht, sodass der „Schnee" während des Festes als Holunderblütensaft für Erfrischung sorgt. Ein Familienkindergeburtstag wird mit einer Unkrautbowle gefeiert, an deren Herstellung sich alle beteiligen dürfen. Das ist wesentlich spannender als die allgemein übliche Limo.

Etwas später reifen die Brombeeren, die ebenfalls für festliche und alltägliche Rezepte geeignet sind.

Im Sommer fahren viele von uns in Urlaub und die Schüler freuen sich auf die langen Sommerferien. So schön die Aussichten auf ein paar unbeschwerte Wochen auch sind, als Gartenbesitzer muss man für diese „Auszeit" etwas vorsorgen. Vielleicht haben Sie schon selbst einmal die Erfahrung gemacht, wie schnell die ungeliebten Wildbegleitkräuter sich ausbreiten, wenn man in dieser Zeit den Garten auch nur einige Tage sich selbst überlässt.

Ich stelle auch immer wieder erstaunt fest, dass es bei großer Hitze und Trockenheit kein Stocken im Wachstum dieser unliebsamen Gartenbegleiter gibt. Eher vertrocknet eine „wertvolle" Pflanze. Darum sollten wir die letzten Tage vor dem ersehnten Urlaub damit zubringen, noch einmal gründlich den Garten zu säubern und für unsere Abwesenheit einen freundschaftlichen Gießdienst zu organisieren. Dieser „Gießdienst" fährt vielleicht auch einmal in Urlaub, sodass wir uns revanchieren können.

Irgendwann gegen Ende September wird es dann kühl und feucht in den Nächten und das Ende der Fest- und Schwitzsaison naht.

Unkrautbowle

Für eine Unkrautbowle können Sie sämtliche ungiftigen Wildbegleitkräuter aus Ihrem Garten sammeln. Sie sollten jedoch darauf achten, dass sie noch nicht zu bitter sind, das heißt, man nimmt nur die jungen Blättchen von Melde, Giersch, Quecke, Schafgarbe, Löwenzahn, Spitzwegerich, Vogelmiere etc. Um dem Ganzen etwas Frische zu verleihen, gibt man noch einige Blätter von Boretsch dazu. Wiegen Sie ca. 300 - 500 g klein geschnittene Kräuter ab und geben diese in eine große Schüssel. Nun gießen Sie 1 l guten Apfelsaft darüber und lassen das Ganze über Nacht ziehen. Am nächsten Tag wird sauber abfiltriert und eventuell noch einmal mit etwas Apfelsaft ergänzt. Man genießt die Unkrautbowle mit gut gekühltem Sekt oder Selters im Glas verdünnt.

Der Kräutergarten im Herbst

Kennen Sie auch das Phänomen des „Herbstmaies"? Als Herbstmai erlebe ich als Kräuterhexe die Monate September und Oktober. Die heißen Tage und Nächte der Sommermonate sind vorüber und die Natur erholt sich. Die feuchtere Witterung bringt so manchen Sämling hervor und die abgemähten Wiesen schmücken sich noch einmal mit bunten Blüten. Die Brennnessel, die Knoblauchrauke und andere Wildstauden sprießen noch einmal mit zartem Grün, sodass die Wildkräutersuppe des Frühjahres auch im September noch einige Male auf den Tisch kommen kann.
Ein Waldspaziergang in dieser Zeit wird als echte Wohltat für die Haut empfunden und der Erntekorb kann noch einmal richtig mit Kräutern, Wildfrüchten und Pilzen gefüllt werden. Genießen Sie diese Tage des Herbstmaies, denn sie sind gezählt, und der erste Frost, der all die Pracht wieder verschwinden lässt, steht bestimmt schon vor der Tür.
Wenn Ende September, Anfang Oktober die ersten Nächte kalt und feucht daherkommen und Nebelschwaden den Autofahrern die ersten Probleme machen, bedeutet dies: Jetzt ist es Herbst! Das Blau des Himmels ist, wenn es nicht durch starke Bewölkung oder Regenschauer verdeckt wird, sehr intensiv, sodass ich für diesen Blauton die Bezeichnung „postkartenblau" benutze. Die Tagestemperaturen liegen in dieser Zeit aber noch häufig im „Sommerbereich", sodass man es noch gar nicht glauben kann, dass die dritte Jahreszeit angebrochen ist.

Die Pflanzen des Herbstes

Aber die Wild- und Gartenflora belehrt uns eines Besseren. Die typischen Herbstblüher wie Astern, Dahlien (ich meine damit nicht die vorgezogenen), auch die heißgeliebten Chrysanthemen in allen erdenklichen Zuchtformen, Herbstanemonen, Fetthenne, Heidekraut und nicht zuletzt die Herbstzeitlosen, stehen jetzt in voller Pracht. Die ersten Blätter von Bäumen und Sträuchern beginnen damit, sich zu verfärben.
Aber auch die Wildfrucht- und Obsternte steht an, um Vorräte für den Winter zu schaffen. Die Äpfel- und Birnbäume erfreuen uns mit ihrem üppigen Fruchtbehang, der allerdings von Jahr zu Jahr etwas unter-

Aus Sommerblumen und Kräutern habe ich kleine Sträuße gebunden, die auch im Herbst noch den Duft des Sommers verströmen.

Im Herbst wird vorgesorgt, damit man es auch im Winter schön warm hat.

schiedlich ausfallen kann. Ein Jahr mit Spätfrösten im Frühjahr oder einer lang anhaltenden Regenperiode kann ebenso wie heftige Hagelschauer im Sommer für eine verminderte Ernte verantwortlich sein oder im Extremfall auch zu einem kompletten Ernteausfall führen.

Fallobst lässt sich gut zu Kompott verarbeiten.

Für die Weingärtner ist es jetzt an der Zeit, den Lohn für ein arbeitsreiches Jahr im Weinberg einzuholen, und die Zeit der Weinlese wird landauf, landab von einer ganzen Reihe feuchtfröhlicher Feste begleitet. Auch die Reife der Weintrauben ist extrem wetterabhängig, sodass es sich hier ganz besonders bemerkbar macht, ob das Jahr ein gutes oder schlechtes Weinjahr war. Im letzten Sommer wurde der Ertrag in meiner Nachbargemeinde während eines halbstündigen Hagelschauers zu 70 Prozent zerstört. Das ist hart! Aber das ist eben die Natur.

Die Verbundenheit von Natur und Mensch

Die Tradition der Wein- und Erntefeste reicht bis in die vorchristliche Zeit zurück, denn es war für die Menschen schon immer etwas Wichtiges und Besonderes, wenn die Nahrung und demzufolge auch das Überleben gesichert war. Gerade die pflanzlichen Nahrungsmittel waren sehr wichtig, denn sie stellten früher den Hauptanteil der Speisen dar. Man wusste noch nichts von Gewächshäusern, Tiefkühltruhen oder Kühlhäusern und schon gar nichts von Gentechnologie und Konservierungsstoffen, sodass man auf Gedeih und Verderb auf das eigene Erntegut angewiesen war.

Während meiner Kräuterseminare versuche ich immer wieder, auf diese enge Verbundenheit zwischen Natur und Mensch hinzuweisen, denn ich habe die Erfahrung gemacht, dass wir uns zusehends von der eigentlichen Nahrungsbeschaffung entfernen. Gerade die Erntezeit im Herbst eignet sich dazu, dass wir uns auf unsere Wurzeln zurückbesinnen können. Es war früher nicht selbstverständlich, in den nächsten Supermarkt auf der grünen Wiese am Stadtrand zu fahren, um jederzeit fast alles zu bekommen. Salate, Obst und Gemüse

in reicher Vielfalt und rund ums Jahr lassen häufig die Naturabhängigkeit der einzelnen Erzeuger vergessen. Wenn es bei uns gerade keine Tomaten mehr gibt, werden sie eben eingeflogen, genauso wie allerlei Exotisches.
Die Jahreszeiten spielen in der heutigen Zeit ebenso wenig eine Rolle wie die Ehrfurcht vor der Natur, der wir diese Schätze zu verdanken haben. Ich möchte nun beileibe nicht die alten Zeiten wieder heraufbeschwören, aber etwas nachdenken sollten wir vielleicht dennoch. Das hat nämlich den Vorteil, dass wir einen Apfel, eine Kartoffel, ein Brot oder unseren Salat auf dem Teller wieder mit anderen Augen sehen und uns sogar wieder einmal richtig darüber freuen können.
Gerade in den Herbstmonaten wurden früher, und werden vereinzelt auch heute noch, besondere Brauchtumsfeste gefeiert, die immer etwas mit Erntedank und Sommerverabschiedung zu tun haben.
In vielen Städten wurden früher im September spezielle Gemüsemärkte abgehalten, damit sich die Stadthausfrauen das Gemüse für den Winter einkaufen konnten. Dazu gehörten Zwiebeln, Kraut, Gurken, Lauch, Sellerie, Karotten, Obst und Weintrauben. Alle diese Marktschätze wurden eingelagert oder eingemacht. Diese Markttage wurden festlich begangen, indem man die ganze „buckelige" Verwandtschaft dazu einlud und mit Kaffee und Kuchen bewirtete. Abends gab es dann ein schmackhaftes Mahl aus den frisch erstandenen Gartenschätzen.
Viele Menschen machen besonders gerne in der Nachsaison Urlaub. Wenn Sie diesen Urlaub in den Alpenregionen verbringen, werden Sie bestimmt auch schon einmal Zeugen des Almabtriebs gewesen sein. Da das Vieh nach altem Aberglauben auf dem Weg von der Weide in den heimatlichen Stall besonders gefährdet war, von Hexen und bösen Geistern heimgesucht zu werden, musste man diese unbedingt davon abhalten. Also schmückte man das Vieh mit Kräuterkränzen, allerlei Glitzerndem wie Geschirr und Spiegelscherben und besonders schönen Blumen, um eben jene bösen Geister zu vertreiben.

Auch der Herbst bietet noch einmal farbige Blütenpracht.

Bevor die ersten Nachtfröste zu erwarten sind und es meinen Kübelpflanzen auf der Terrasse zu kalt wird, räume ich sie zum Überwintern in den Wintergarten.

Hagebutten lassen sich vielfältig verarbeiten.

Mein herbstlicher Hexengarten

Nach diesen schwerwiegenden Worten der Kräuterhexe möchte ich Sie nun in meinen herbstlichen Wildkräutergarten entführen. Hagebutten, Holunder, Brombeeren, Heidelbeeren, Weißdornfrüchte und später im Jahr auch noch die Früchte des Schlehdorns füllen meinen Erntekorb in den Herbstmonaten. Diese werden zu Elixier, Marmeladen, Säften und anderen Leckereien verarbeitet. Die Ernte selbst gestaltet sich allerdings häufig etwas unangenehm, da diese Früchte wesentlich kleiner sind und so mancher Kampf mit Dornen ausgefochten werden muss, um einen Sieg zu erringen. Wir werden jedoch mit einem ursprünglichen und leckeren Aroma von diesem „Urobst" belohnt, denn selbst die Steinzeitmenschen kämpften sich bereits durch Schlehenhecken.

Bei der Ernte von Hagebutten sollten Sie darauf achten, dass die Früchte zwar vollreif aber noch hart sind. Bei der Zubereitung von Hagebutten müssen die „Juckpulverhaare" entfernt werden, da es sonst zu unangenehmen Reizungen des Rachens kommen kann. Man schneidet die Früchte auf und kratzt die Haare mit dem Messer heraus. Die Hagebuttenkerne ergeben aufgekocht übrigens einen leicht nach Vanille schmeckenden Tee mit entwässernder Wirkung. Hagebutten für die Zubereitung eines Pürees werden im Ganzen in Wasser oder Weißwein gekocht und anschließend durch ein sehr feines Sieb gestrichen.

Regelmäßige Arbeiten im Herbst sind für mich das Abfischen des Herbstlaubes aus meinem Teich ...

... und das Fegen meiner Terrasse.

Als echtes Herbstkraut steht die Waldgoldrute jetzt im September in voller Blüte und ist dadurch besonders gut zu erkennen. Auch jetzt können noch eine ganze Reihe Sommerkräuter geerntet werden, wobei das Aroma und die heilkräftigen Inhaltsstoffe sehr stark nachlassen. Die Pflanzen stellen sich jetzt langsam aber sicher auf den Winter ein, sodass alle Nährstoffe in der Wurzel angereichert werden, um gut über die kalte Jahreszeit zu kommen. Dies trifft auch auf die Samen zu. Häufig haben sich schon kleine Pflänzchen gebildet, die sich im nächsten Jahr dann zu voller Größe entwickeln. Lediglich die Frostkeimer, dazu gehören viele Pflanzen der Bergregionen, warten darauf, durch die winterlichen Fröste „geknackt" zu werden, um dann im Frühjahr anzutreiben.

Da ich im Frühling nicht allen wilden Feldsalat ernten konnte, haben viele dieser Pflanzen im Sommer Blüten und Samen gebildet. Mein Wildkräutergarten in der Landschaft beschert mir daher jetzt bereits wieder voll entwickelten Wildsalat, der bis in den Winter hinein den Speiseplan der Kräuterhexe bereichert. Verfeinert wird dieser Salat mit dem ebenfalls jetzt wieder erkennbaren wilden Schnittlauch. Erkennbar deshalb, weil das Graswachstum in den Wiesen nachlässt.

Auch im Kräutergarten ist nach wie vor Erntezeit. Der Rosmarin hat an einem Idealstandort um diese Zeit häufig bereits seine Blüten angesetzt. Rosmarinnadeln und -blüten können auf diese Art so manche herbstliche Speise bereichern. Ysop und Bergbohnenkraut gehören ebenfalls zu den intensiv würzenden Kräutern in dieser Jahreszeit.

Alle Staudenkräuter werden jetzt nach und nach zum letzten Mal abgeerntet und somit zurückgeschnitten, sodass sie bis zum Winter kräftig genug sind, um über die kalte Jahreszeit zu kommen. Aus diesem Grund werden auch neue Kräuter spätestens Anfang September ausgepflanzt.

Bis in den Winter hinein kann ich in meinem Kräuterhexengarten wilden Feldsalat ernten.

Die Herbstpflanzung

Die eigentliche Herbstpflanzung von Rosen, Bäumen und Sträuchern findet im Oktober oder November statt. Als Kräuterhexe pflanze ich jedoch nur Rosen, da Bäume und Sträucher meinen Kräutergarten zu sehr schattieren würden, was mir dann eine ganze Reihe meiner Kräuterschützlinge übel nehmen würde. Um sich im Sommer, wie beschrieben, am Duft der Rosen erfreuen zu können, müssen wir bei der Pflanzung einige Dinge berücksichtigen.

Die Pflanzgrube sollte tief genug ausgehoben werden. Das sind ca. 45 cm. Verletzte und zu lange Rosenwurzeln werden abgeschnitten. Dadurch können sie sich im Pflanzloch natürlich ausbreiten, was auch zu einer vermehrten Wurzelbildung führt. Bevor Sie das Pflanzloch mit gutem Mutterboden und humoser Erde auffüllen, sollten Sie jeder Rosenpflanze noch einen Klumpen Fett mit auf den Weg geben. Das klingt jetzt zwar etwas eigenartig, aber ich selbst habe, wie einige englische Kräuterhexen, sehr gute Erfahrungen damit

Nach und nach schneide ich bei der Ernte meine Kräuter ein letztes Mal vor dem Winter zurück.

gemacht. Warum das so ist, weiß allerdings niemand. Man sieht nur, dass es den Rosen irgendwie schmeckt.

Nach dieser etwas merkwürdigen Zeremonie wird wie bei allen Pflanzungen die Erde fest angedrückt und gut gewässert. Die Veredelungsstelle bei Rosen sollte sich übrigens mindestens 5 cm unter der Erdoberfläche befinden. Das Pflanzloch wird in den nächsten beiden Tagen noch zweimal mit loser Erde aufgefüllt und gewässert. Rosen lieben übrigens Geselligkeit und möchten nur ca. 35 bis 40 cm auseinander stehen.

Ysop (Hyssopus officinalis) *– ein typisches Gewürzkraut für herbstliche Speisen*

Rückschnitt

Im Kräuterhexengarten werden die Pflanzen im Herbst nicht in der Form zurückgeschnitten, wie wir es von unseren Blütenstauden vielleicht gewohnt sind. Das hat seinen Grund. Die meisten Kräuter brauchen ihre oberirdischen Triebe und Blätter, um überwintern zu können. Ein Paradebeispiel dafür ist der Gartensalbei. Wenn Sie diese Pflanze aus dem Süden im Herbst stark zurückschneiden, wird sie sich für immer von Ihnen verabschieden. Salbei und viele andere Kräuter werden deshalb im Sommer zurückgeschnitten.

Auch das Ausheben einer Pflanzgrube für meine Rosen steht im Oktober auf dem Arbeitsplan.

Herbstdekoration

Der herbstliche Garten schenkt uns auch so manches an Dekorativem und gleichzeitig Leckerem, das wir zu besonders schönen Arrangements verarbeiten können. Duftende Kräuter, bunte Blumen und Früchte eignen sich jetzt besonders dazu, so manche bastelfreudige und kreative Gartenbesitzerin in Aktion treten zu lassen. Auch ich als Kräuterhexe kann mich diesem Zauber nicht entziehen. Wenn das Angebot im Herbst bunt und üppig ist, nehme ich mir gerne einmal etwas Zeit für die Herstellung eines Straußes, Kranzes oder eines dekorativen Gemüse-Kräuter-

Korbes, selbst wenn dies aufgrund meines Terminkalenders nicht gerade einfach ist. Aber auch Kräuterhexen brauchen ab und zu etwas Muße, und während der Gestaltung eines Werkstückes können die Gedanken auch einmal abschweifen. Ich mache mir grundsätzlich keinen exakten Plan, wie das Produkt letztendlich aussehen soll, sondern lasse meiner Fantasie freien Lauf. Viele Früchte geben schon allein durch Form und Farbe eine bestimmte Art der Verarbeitung vor. So werden zum Beispiel runde und kompakte Stücke immer in der Basis verarbeitet und die filigraneren Teile ergeben den Rahmen oder lockern das Ganze auf.

Im nebenstehenden Bild sehen Sie, wie ein Paprika-Tomaten-Kräuter-Blumenstrauß nach Art der Kräuterhexe entsteht. Damit das Gemüse auch weiterhin noch in der Küche Verwendung finden kann, stecke ich die einzelnen Früchte auf Schaschlikspießchen aus Holz. Draht ist für diese Arbeit ungeeignet, da er rostet und das Gemüse verdirbt. Aus Kräutern wie Rosmarin, Oregano, Currykraut, Lavendel, Bohnenkraut, Weinraute und anderen binde ich einen Basisstrauß, indem auch eine Sonnenblume ihren Platz findet. Die aufge-

Oben: Das Gemüse wird auf Schaschlikstäbchen gespießt.

Links: Aus Kräutern, Herbstblumen und Gemüse lassen sich bunte, ausgefallene Herbststräuße zaubern.

Der imposante Eisenhut gehört aufgrund seiner Alkaloide zu den Giftpflanzen.

spießten Früchte werden zum Schluss ergänzt und das Ganze mit Bast fixiert. Über solch einen Strauß freut sich bestimmt auch die Gastgeberin eines Abends unter Freunden oder in diesem Fall die Köchin einer Gemüsepfanne mit Paprika. Für Hobbyköche kann ein solches Präsent aus dem Garten noch mit Gewürztütchen bestückt und mit einem Kräuteressig oder Kräuteröl ergänzt werden.

Giftpflanzen

Der Herbst hat für eine Kräuterhexe aber auch noch einen ganz besonderen Reiz. Es ist der Reiz der Giftpflanzen, die sich jetzt ganz besonders zu erkennen geben.
Meine Herbstkräuterwanderungen sind eben jenen Exemplaren der früheren Hexenrezepte gewidmet. Liguster, Pfaffenhütchen, Nachtschatten, Tollkirschen, Maiglöckchen, Aronstab und Zaunrübe schmücken sich jetzt mit ihrer giftigen Früchtepracht. Von den vielen Pilzen ganz zu schweigen.

Meine Vorliebe gilt jedoch weniger der Verarbeitung solcher oft tödlich wirkenden Schätze der Natur, als vielmehr der Aufklärung über eben jene besondere Eigenschaft. Zu Vorführzwecken habe ich deshalb auch ein Giftpflanzenbeet in meinem „großen" Kräutergarten angelegt. Darin befinden sich neben Eberraute, bittersüßem Nachtschatten, schwarzem Nachtschatten, Fingerhut und Maiglöckchen auch der imposante Eisenhut und andere.
Obwohl ich über die Giftigkeit und die letale (= tödliche) Dosis dieser Giftpflanzen Bescheid weiß und während meiner Tätigkeit in der Apotheke auch Rezepturen daraus hergestellt habe, liegt mir nichts ferner, als Tipps für die Verwendung dieser Pflanzen weiterzugeben. Deswegen erschüttert es mich immer wieder, wenn ich beim Gang durch die Buchhandlungen und speziellen „Insiderläden", auf Druckwerke stoße, die unter dem Sammelbegriff „Hexenliteratur" eine ganze Reihe von Rezeptbüchern bereithalten.

Auch der Hahnenfuß ist giftig und hat in meiner Kräuterspirale nichts zu suchen.

Links: In meinem „Giftpflanzenbeet" wachsen unter anderem Eberraute (Artemisia abrotanum) ...

Rechts: ... und schwarzer Nachtschatten (Solanum nigrum).

Für meine eigene Bibliothek habe ich mir das eine oder andere Werk einmal zugelegt (man muss ja schließlich seine Feinde kennen!) und zu meinem Entsetzen festgestellt, dass hier tatsächlich mit Bilsenkraut und Co. umgegangen wird, als sei es Schnittlauch oder Pfefferminze. Eigentlich wollte ich „Petersilie" schreiben, aber die gehört ja auch schon zu den so genannten Perioden- oder Abtreibungsmitteln aus dem Hexengarten.

Ich gehe davon aus, dass in der heutigen Zeit der Orientierungslosigkeit vieler junger Menschen mit dieser abstrusen Hexenliteratur nicht unerhebliche Umsätze erzielt werden. Magische Rituale, Flugsalbenrezepte, so genannte Frauenkräuter wie Menstruations- und Abtreibemittel, Pflanzenmystik, Hexensabbat und Satanskult oder einfach Rauschmittel aus der Natur sind offensichtlich gefragte Themen für eine ganze Reihe von Zeitgenossen. Zweifelhafte literarische Ergüsse werden häufig unter dem Titel „altes Wissen" vermarktet. Es ist daher naheliegend, dass ich als Kräuterhexe auch schon so manche Begegnung „der merkwürdigen Art" hinter mir habe.

Es fällt mir jedoch nicht sonderlich schwer, jenen Damen und Herren den Unterschied zwischen einer seriös arbeitenden Kräuterhexe und einer sich in Szene setzen wollenden „Möchtegernhexe" klar zu machen. Deshalb hat es mich auch ganz besonders erstaunt, als ich neulich in einer von mir als seriös eingeschätzten Gartenzeitschrift doch tatsächlich den Pflanzplan für einen giftigen Hexen-

Herbstliche Deko auf meiner Terrasse mit Terrakottakürbis und Eriken.

Die Halloween-Party kann steigen!

garten inklusive der wichtigsten Hexenaccessoires vorfand. Wer weiß, wen noch alles „der Teufel" geritten hat!

Halloween

Da lobe ich mir doch noch eher den „Halloween-Wahn", der in den letzten Jahren auch hier zu Lande immer mehr um sich greift. Amerika lässt grüßen! Ich gehe davon aus, dass den meisten Menschen der Ursprung dieses „Festes" relativ unbekannt ist. Aber das ist ja auch nicht so wichtig, Hauptsache Event! Das wichtigste Utensil für diese Art von Allerheiligenfest, Hallow heißt heilig und Halloween ist der Vorabend von Hallowmess = Allerheiligen, ist der Kürbis.

Als alter Kürbisfan musste ich mir diesen in früheren Jahren ohne Garten mühselig von einem Feld organisieren. Heutzutage werden in den Spätsommer- und Herbstmonaten so viele Kürbisse angebaut und angeboten, dass ich tatsächlich den Begriff „Kürbisschwemme" benutzen kann. Kürbisfeste, Kürbiswettbewerbe, Kürbisschmuck, Kürbiswochen zum Beispiel in Gasthäusern, Kürbisbücher und Kürbisskulpturen in allen möglichen Formen und Farben lassen die neue Bedeutung dieser Exemplare aus der Familie der Kürbisgewächse erahnen. Aber ich liebe sie immer noch! Obwohl ich ehrlich gesagt die kulinarische Seite bevorzuge. Wenn Sie selbst Kürbisse für Ihre Herbstdekoration anbauen möchten, sollten Sie die Kürbiskerne ab März vorkultivieren und ab Mitte Mai an Ort und Stelle auspflanzen. Sie gedeihen dann besser und schneller als bei einer Direktaussaat. Achten Sie auf Sortenvielfalt. Es gibt inzwischen ein umfangreiches Saatgutsortiment.

LEBERSPÄTZLE

Für den Teig nehme ich 200 g gehackte Schwein oder Geflügelleber, 300 g Mehl, 2 Eier, 1 Tasse W ser, 3 EL fein gewiegte Petersilie und 1 kleine, in ne Würfel geschnittene und angedünstete Zwieb Das Ganze wird zu einem eher zähen Teig verrührt. Dann setze ich einen Topf mit leicht gesa nem Wasser auf und warte, bis es kocht. Mit ein Teelöffel schabe ich kleine Teigportionen aus der Teigschüssel direkt in das kochende Wasser. Wer sie wieder an der Wasseroberfläche erscheinen, w den sie mit dem Schaumlöffel aus dem Topf gen men und mit in Butter und Speck gedünsteten P ferlingen auf einer Platte serviert.

Diese Leberspätzle können auch saisonal unterschiedlich mit Kräutern gewürzt werden. Im Fr jahr können Bärlauch oder wilder Schnittlauch gearbeitet werden. Im Sommer steht uns die gar Palette der Küchenkräuter zur Verfügung und i Winter können wir z. B. mit Kresse diesem Teig frisches Aroma geben.

KÜRBISSUPPE

Für die Kürbissuppe nach Art der Kräuterhexe müssen Sie einen mittelgroßen Kürbis aushöhlen. Das Kürbisfleisch wird klein geschnitten und mit 2 großen Karotten, 1 Petersilienwurzel, 1 Stange Lauch und 2 Stängeln Liebstöckel, alles ebenfalls klein geschnitten, gemischt. In einem hohen Topf werden 2 klein gehackte Zwiebeln und 3 Knoblauchzehen in Olivenöl angedünstet. Danach gibt man das Gemüse dazu und füllt so viel Wasser auf, dass alles gut bedeckt ist. Um die Suppe etwas sämiger zu machen, koche ich noch 2 klein geschnittene Laugenbrezeln oder -brötchen mit. Nach einer halben Stunde Kochzeit ist das Gemüse gar. Es wird püriert und mit Meersalz, etwas Pfeffer und Muskatnuss abgeschmeckt. Auch hier gebe ich zum Schluss noch feingewiegte Kräuter und etwas süße Sahne oder Schmand dazu.
Die fertige Suppe kann im ausgehöhlten Kürbis serviert werden.

Aus Kürbissen lassen sich nicht nur tolle Suppen und andere Gerichte kochen, sie eignen sich auch hervorragend zur Dekoration für drinnen und draußen.

Bei der Ernte sollten Sie sich unbedingt Zeit lassen, denn zu früh geerntete Exemplare sind nur schlecht lagerfähig und schimmeln in kürzester Zeit. Auch sollten die Früchte absolut trocken geerntet werden, sonst besteht ebenfalls die Gefahr des Verschimmelns.

Die ersten Frostnächte machen diesem Spuk im wahrsten Sinne des Wortes ein Ende. So mancher Matschkürbis wird dann in Form von Kompost wieder der Erde zurückgegeben, wie es seinerzeit die alten Druiden schon taten.
Nun wird es jedoch höchste Zeit, um an die Zwiebelpflanzen und an den Winterschutz für frostgefährdete Stauden zu denken. Je früher Sie Ihre Blumenzwiebeln in die Erde bringen, desto früher blühen sie auch im nächsten Frühjahr. Die Zwiebeln haben im September oder Oktober einfach noch mehr Zeit, um sich einzugewöhnen. Nach erfolgtem Wurzelwachstum wird schon bald der Blütentrieb ausgebildet und steht sozusagen in den Startlöchern. Es ist jedoch möglich, Blumenzwiebeln so lange auszupflanzen, wie auch der Boden offen, das heißt nicht gefroren ist.

Der Kräutergarten im Winter

Mit dem Winter ist das so eine Sache. Wenn man nicht gerade im Gebirge lebt, weiß man oft nicht, ob es sich um einen kühlen Spätherbst oder tatsächlich schon um den Winter handelt, wenn in der Wettervorhersage von Frost die Rede ist. Früher, als das bäuerliche Jahr noch von

Boretsch (Borago officinalis) *mit Raureif – jetzt hat der Winter Einzug gehalten.*

sehr viel Sitten und Brauchtümern geprägt war, galt der Martinstag am 11. November als Beginn des Winters. An diesem Tag war der Pachtzins fällig und dieser wurde nicht selten in Form von Naturalien bezahlt. Dazu gehörten auch Gänse, die um diese Zeit am fettesten waren. Das Gesinde und die Dienstboten wechselten an diesem Tag die Stelle, denn der Sommerdienst war zu Ende und die Feldarbeit ruhte bis zum nächsten Frühjahr. Auch das war ein Grund, diesen Tag mit einem leckeren Braten in Form einer Martinsgans zu feiern. Diesen Brauch gibt es offensichtlich schon sehr lange, denn der Martinstag (nach welchem Kalender auch immer) war schon in alten norwegischen Runenkalendern und in den Tiroler Bauernkalendern des vorletzten Jahrhunderts mit einer gemalten Gans gekennzeichnet.

Die Martinsgans gibt es nach wie vor, aber was den Winterbeginn betrifft, so haben wir es nicht mehr so leicht. In meiner Umgebung rechnet man normalerweise Ende Oktober oder Anfang November mit dem ersten Kälteeinbruch. Dieser wird aber häufig wieder von relativ milder Witterung bis Dezember abgelöst. Daher ist es mir auch möglich, selbst im Dezember noch das eine oder andere Kräutlein frisch zu ernten.

Ab Januar ist es jedoch auch in Sternenfels tatsächlich Winter. Dann wird es auch bei der Kräuterhexe ruhiger. Jetzt kann ich mich, nachdem ich mich einige Tage nach Weihnachten von dem Trubel vor den Feiertagen erholt habe, endlich daran machen, meine Schreibarbeiten zu erledigen. Dazu gehören auch Bücher!

Die Pflanzen vor dem Frost schützen

Den klassischen Winterschutz in Form von Tannenreisig oder Holzwolle bringe ich erst

Eines Spätherbstmorgens im Bauerngarten ...

dann aus, wenn längere Kälteperioden ohne Schnee zu befürchten sind. Deckt man nämlich zu früh ab, schafft man ein hervorragendes Klima für allerlei Schädlinge, die es sich dann so richtig gemütlich machen können, denn der Winterschutz bleibt ja bis zum Frühjahr erhalten. Diese Vorgehensweise ist zwar etwas aufwendiger, denn ich muss mich ständig um Wettervorhersagen kümmern, aber letztendlich hat man doch den größeren Nutzen davon. Meine Kübelpflanzen habe ich bereits Ende Oktober in den Wintergarten verfrachtet, sodass sie den Übergang von draußen nach drinnen besser vertragen können. Im Winterquartier muss ich sie jedoch in regelmäßigen Zeitabständen nach irgendwelchen unnützen Bewohnern absuchen und im Falle eines Falles Gegenmaßnahmen ergreifen.

Obwohl es in der Zwischenzeit eine ganze Reihe von Büchern und Zeitschriften gibt, die das Thema: „Der Garten im Winter" uns so schön wie möglich vor Augen führen wollen, so sehen die meisten Gärten im Winter im wahren Leben doch sehr öde und trostlos aus. Die wunderschönen Fotos von mit Raureif überzogenen oder mit Schnee bedeckten Pflanzen finden eben nicht jeden Tag im Winter statt. Häufig sieht alles nur grau und kalt aus. Aus diesem Grunde habe ich meine Gärten so

Farbenpracht im winterlichen Garten: Rosen mit erstem Raureif

Kräuterecke im Winter: Da im November und Dezember oft noch eine milde Witterung vorherrscht, kann ich auch dann noch einige Kräuter frisch ernten.

Rosmarin im Schnee – ein eher seltener Anblick in Sternenfels

gestaltet, dass sie selbst im Winter noch eine interessante Optik bieten.

Attraktive Pflanzen für den Winter

Dass ich meine Kräuter nicht in Form schneide und die Tatsache, dass sich so mancher Rosen- und Holunderstrauch darin befindet, gibt dem Ganzen gleich eine lebendigere Struktur. Außerdem habe ich Wert darauf gelegt, dass sich auch einige immergrüne Pflanzen in Form von Buchsbäumchen, Stechpalme und Efeu darunter befinden. Thujabüsche und andere fremdartige Gewächse, und seien sie noch so dekorativ, bekommen keinen Bühnenvertrag, denn sie passen einfach nicht ins Ensemble.

Bei der Planung und Anlage eines Gartens gibt es so manche grundlegenden Unterschiede, wobei die Pflegeleichtigkeit ein maßgebliches Argument darstellt. Sicherlich ist eine ebene Gartenanlage, mit Rasen und Thujahecken bepflanzt, eine pflegeleichte Sache, wenn man das Rasenmähen als Hobby betrachtet. Streng formal angelegte Gärten mit klaren Beeten, Rasenflächen und diversem Baumbewuchs können auch ihren Reiz haben, wobei die Pflegebedürftigkeit hier schon wieder etwas größer ist.

Für mich jedoch muss ein Garten so gestaltet sein, dass ich jeden Tag wieder etwas Neues darin entdecken kann. Das bedeutet Artenvielfalt, Naturnähe, Strukturvielfalt und ästhetische Erlebnisse in Form von Duft und Farbe. Alle diese Bedürfnisse können mit einem naturnah angelegten Kräutergarten erfüllt werden. Selbst ein kleiner Teich mit Wasserlauf ist in solch einem Konzept zu verwirklichen und sei der Platz auch noch so gering. Der Pflegeaufwand hält sich durchaus in Grenzen, denn ein naturnaher Garten kann auch einmal die Abwesenheit seiner Besitzer verkraften, ohne dass er gleich mit einem enormen Aufwand wieder hergerichtet werden muss.

Immergrüne Pflanzen wie die Stechpalme geben dem winterlichen Garten Struktur und Farbe.

Meine Gartenhelfer

In solch einem Garten bleibt es auch nicht aus, dass sich eine ganze Reihe Gartenhelfer von selbst einstellen. Zu meinen wichtigsten Helfern gehören jene, die zu Beginn der kalten Jahreszeit unübersehbar und unüberhörbar vor meinen Fenstern auf und ab fliegen und die gewohnte alljährliche Bewirtung verlangen.
Schließlich haben sie ja auch den ganzen Sommer über für mich gearbeitet, indem sie Unmengen von Raupen, Läusen und anderem Ungeziefer vertilgt haben. Meise, Amsel, Rotkehlchen, Fink und Co. haben sich also ihr Winterfutter redlich verdient.
Zunächst werden einmal die Früchte von

Apfelküchle

Für die Apfelküchle rührt man einen Ausbackteig aus 3 Tassen Dinkelmehl, 1 – 2 Eiern, einer Prise Salz, 1 EL Zucker und 1 Tasse Milch. Die Äpfel werden geschält und das Kerngehäuse wird mit dem Apfelstecher entfernt. Danach schneidet man sie in Scheiben (ca. 1 cm breit) und bestreut sie mit einer Mischung aus Zucker und Zimt. In einer beschichteten Pfanne erhitzt man 1 TL Olivenöl sehr stark und gibt einen Suppenschöpfer voll Ausbackteig hinein. Bevor der Teig stockt, werden die Apfelringe darauf verteilt und mit wenig Teig bedeckt. Danach wendet man den Apfelpfannenkuchen in der Pfanne und bäckt auch die zweite Seite goldbraun aus. Der Pfannenkuchen wird auf einen Teller gegeben, mit Puderzucker bestreut und in die einzelnen Apfelküchle zerteilt.

Die Amsel gehört auch zu meinen Helfern im Garten und freut sich ...

Eberesche, Holunder, Efeu und Rosen gepickt. Für die Körnerspezialisten unter den Vögeln stehen überall noch einige Samenstände der Stauden zur Verfügung, und so manches Getier wird auch noch unter den verwelkten aber vorhandenen Blättern entdeckt.

Bei Schnee und Frost gibt es von der Kräuterhexe dann Nahrung aus dem Futterhäuschen oder in Form von Meisenknödeln. Sonnenblumenkerne, übrig gebliebenes Saatgut, Getreideflocken und schrumpelige Äpfel stehen auf dem Speiseplan für meine gefiederten Helfer. Alle Futterstellen werden so angebracht, dass die Nachbarskatzen keine Chance haben.

Für die Eichhörnchen liegen immer einige Nüsse bereit und Igel, Kröte und Molch haben es sich schon vor längerer Zeit zwischen den Gabionensteinen oder im Laub- und Gehölzehaufen bequem gemacht. Ich freue mich schon jetzt darauf, sie in der neuen Gartensaison wieder begrüßen zu dürfen. Doch jetzt im Winter ist zunächst einmal Ruhe angesagt!

... ebenso wie Kohlmeisen und Kernbeißer im Winter über eine Portion Extra-Futter.

Der Winter als Ruhepause

Früher, als es noch kein elektrisches Licht gab, war es selbstverständlich, dass man sich nach Einbruch der Dunkelheit und bis Tagesanbruch ausruhte. Man hat sich von den Strapazen des Sommers erholt.

Diese Zeiten sind leider schon lange vorbei. Ich sage leider, denn der Preis der Freiheit, ist für viele Menschen sehr hoch. Wir sind heutzutage in der Lage, in den Häusern und Firmen Tag und Nacht gleich zu gestalten. Das heißt, wir können die Nacht so kurz wie möglich und den Tag so lang wie nötig halten.

Unser Organismus braucht aber seine Ruhezeiten, denn wir sind keine Maschinen. Es ist aus dieser Sicht also durchaus gesund, wenn wir uns an unserem Garten oder der Natur überhaupt ein Beispiel nehmen und uns etwas größere Ruhepausen

gönnen. Das ist sicherlich nicht immer möglich, aber daran denken sollten wir unbedingt!

Wenn Ihnen der Winter aber generell zu langweilig ist, so können Sie jederzeit einen Spaziergang unternehmen, Obstbäume schneiden, Gartengeräte instand setzen, Saatschalen vorbereiten, Vögel füttern, Ihre Kräuterschätze des Sommers zu Tees- und Gewürzmischungen verarbeiten oder aber Ihren Garten in Gedanken komplett auf den Kopf stellen und neu planen. Sie sehen also, auch der Winter hat seine schönen und nützlichen Seiten.

Die Wintermonate waren früher in ländlichen Gegenden die traditionellen Schlachtmonate. Häufig fand bereits zu Martini das erste Schlachtfest statt, an dem nicht nur die Gänse ihr Leben lassen mussten. Nach einem anstrengendem Schlachttag wurde abends im Kreise der Familie mit allerlei deftigen Gerichten gefeiert.

Ein ganz besonderer Tag war für unsere gärtnerischen Vorfahren der Andreastag am 30. November. Er galt als Orakeltag in Bezug auf die Zukunft, denn für unsere Vorfahren mit ihren ganzen Ängsten, war das Vorhersagen der Zukunft sehr wichtig und der Heilige Andreas gilt nun mal als Künder der Zukunft. Äußerst wichtig war natürlich das Liebesorakel für junge Mädchen. An dieser Tatsache hat sich nach meiner Erfahrung übrigens bis auf den heutigen Tag nichts geändert.

Daher ein winterlicher Gartentipp von der Kräuterhexe, der angeblich eine Aussage darüber abgibt, ob geheime Wünsche in Erfüllung gehen: Man schneidet demnach am Andreastag abends um sechs, neun oder zwölf Uhr die Reiser von sieben oder neunerlei Bäumen und Sträuchern. Das wären also Zweige von Obstbäumen, Kastanien, Holunder, Stachel-, Johannis- und Himbeeren. Auch ein Haselzweig kann dabei sein, die Hauptsache ist allerdings, dass dies schweigend geschieht. Nun stellt man die Zweige in eine Vase und besonders Mädchen umschlingen drei Ruten mit einem bunten Band. Das bedeutet, man hat drei Wünsche frei. Diese Wünsche gehen allerdings nur dann in Erfüllung, wenn die entsprechenden Zweige zu Weihnachten blühen!

Oben: Für Eichhörnchen halte ich immer einige Nüsse bereit.

Unten: Laubhaufen sind beliebte Winterquartiere der Igel.

Auch bei der Kräuterhexe gelingt nicht alles mit „Hex Hex"!

In dem Kapitel über die Entstehung meines Kräuterhexengartens habe ich ja bereits von meinen gärtnerischen Problemen berichtet. Sie ersehen daraus, dass es auch einer Kräuterhexe nicht anders ergeht als allen anderen Menschen, die sich an die Anlage eines Gartens heranwagen. Ich habe mir übrigens vorgenommen, das Wort „Problem" mit „Aufgabe" zu ersetzen, was dem Ganzen etwas an Schwere nimmt, denn Aufgaben sind dazu da, um gelöst zu werden, Probleme „wälzt" man eher vor sich hin. Obwohl ich nun schon einige Jahre als erfolgreiche Kräutergärtnerin tätig bin, so gibt es doch jedes Jahr wieder neue Aufgaben zu lösen.

Wenn der Regen im Garten nicht nachlässt und Pflanzen und Böden nass sind, …

Der Boden

Das fängt bei der Bodenbeschaffenheit an. Es ist, bedingt durch den hohen Tonanteil meiner Gartenerde, enorm schwer, diese überhaupt zu bewegen. Bei der Neuanlage von Beeten, in den feuchten Frühjahrs- und Herbstmonaten ist das Umgraben ein echter Kraftakt, denn die Erde klebt und klumpt ohne Ende. In den heißen und trockenen Sommermonaten kann der Boden nur mit Hilfe von Hammer und Meißel bearbeitet werden, da er dann die Konsistenz von Beton annimmt. Kein Wunder also, dass in meiner Nachbarstadt Mühlacker Dachziegel und Fliesen daraus hergestellt werden.

… dann heißt es abwarten und Tee trinken.

Um diese Gartenerde als solche überhaupt bearbeiten zu können, bedarf es einer gewissen Erfahrung, um genau die Witterungsverhältnisse beurteilen zu können, die dies ermöglichen. Das bedeutet aber wiederum, dass manche Arbeiten zu einem bestimmten Zeitpunkt gar nicht durchgeführt werden können und dass die mögliche Frist dafür häufig nur sehr kurz ist. Aus diesem Grunde muss ich meinen Zeitplan sehr flexibel

gestalten. Das Wetter gibt mir die Vorgabe, wann ich was zu machen habe und nicht umgekehrt.

So kann es durchaus passieren, dass ich zwar gerade Zeit hätte für Gartenarbeiten, aber es aufgrund der äußeren Bedingungen unmöglich ist. Also heißt es dann abwarten und Tee trinken.

Unkraut ade mit „Hex Hex"?

Eine weitere Eigenschaft meines Gartenbodens ist die, dass er bei allen Nachteilen trotzdem äußerst fruchtbar für Kräuter aller Art ist. Für einen Großteil dieser Pflanzen kommt mir dieser Umstand ja sehr entgegen, aber eben nicht für alle. Da heißt es auch für eine Kräuterhexe den Rücken krumm zu machen und ordnend einzugreifen.

Ich habe ja bereits erwähnt, dass mit dem Wort „Unkraut rupfen" dieser Vorgang negativer empfunden wird, als er es sowieso schon ist. Giersch, Quecke, Distel, Hahnenfuß und Vogelmiere heißen meine Gegner in diesem endlosen Kampf um Unkrautfreiheit. Es sind jedoch nur Teilerfolge zu erringen, denn man kämpft gegen eine sehr vitale Übermacht. Von März bis Juni, in der Hauptwachstumszeit, wünsche ich mir oft, ein „Hex! Hex! Unkraut ex!" würde ausreichen, um dem täglichen Wachstum Einhalt gebieten zu können.

Aber leider ist hier doch enormer körperlicher Einsatz gefragt. Ab Juli bzw. August lässt das grüne Treiben zwar etwas nach, aber ständiger Einsatz ist weiterhin gefragt. Zumindest nehmen jedoch die Mengen ab.

Ein Vorteil bei dieser unbeliebten Gartenpflege liegt jedoch darin, dass ein Großteil der Wildbegleitkräuter essbar ist und so wenigstens noch zur Bereicherung unseres Speiseplanes genutzt werden kann. Brennnessel, Löwenzahn, Giersch, Vogelmiere und viele andere können dem vom Unkrautrupfen geplagten und hungrigen Kräutergärtner als leckere Suppe, Salat oder Spinat zu neuen Kräften verhelfen. Frisch gestärkt kann er sich dann wieder über ein neues Unkrautfeld hermachen. Auch das gehört zum Kreislauf der Natur!

Genauso wichtig wie das Freihalten der Beete von Unkraut, ist das Ausgraben und Entfernen von Sträuchern oder Stauden, die zu groß geraten sind. Hier kann ein schwerer Boden ganz schön hartnäckig sein. Ich muss mir daher mit der Kraft des Wassers weiterhelfen, indem ich das zu entfernende Exemplar ausgiebig wässere, wodurch man dann wesentlich besser an den Wurzelbereich herankommt. Nun gibt es jedoch Pflanzen, die über eine prächtige Pfahlwurzel verfügen, die tief im Erdreich verankert ist. Hier kommt man dann wirklich nur scheibchenweise vorwärts und das im wahrsten Sinne des Wortes.

Ich erinnere mich daran, dass ich einmal in einer Schnellaktion eine mächtige Liebstöckelstaude entfernen wollte. Von wegen schnell! Haben Sie schon einmal die Wurzel eines mehrjährigen Maggikrautes gesehen? Das ist Knollensellerie mit Tiefgang und zusätzlichen Seitenwurzeln. Hier konnte ich dann wirklich nur einzelne Stücke dieser riesigen Wurzel zu Tage befördern. Durch ihre locker fasrige Beschaffenheit, wie das eben bei Sellerie so üblich ist, brach sie mir immer wieder ab. Nach ausdauernden und langwierigen Grabearbeiten lag ein kleiner Berg Liebstöckelwurzel neben mir. Ich habe sie dann gesäubert, geschnitten und getrocknet und hatte so immerhin ein Suppengewürz vorrätig, das auch gleichzeitig als wassertreibender Tee getrunken werden konnte.

Von der Bodenbeschaffenheit hängt es ab, wie beschwerlich das Umgraben oder die Bearbeitung des Bodens ist.

Ackerschachtelhalm wirkt als Tee entgiftend und entwässernd.

Anlage eines Beetes

Wie schwierig es ist, unter diesen Bedingungen überhaupt ein Beet anzulegen, habe ich in meinem großen Kräutergarten erlebt.

Vor mir lag eine seit Jahrzehnten eingewachsene Wiese, die es zu kultivieren galt. Doch selbst wenn ich alle meine Kräuterhexenkräfte und meine enorme Motivation zusammen genommen hätte, wäre es mir unmöglich gewesen, diese Arbeit alleine zu bewältigen. Glücklicherweise bekam ich just in dieser Situation die Adresse eines jungen Landschaftsgärtners, der im Begriff war, seinen eigenen Betrieb aufzubauen. Ich schilderte ihm meine Situation und er sagte auch sofort zu, denn man bekommt ja nicht jeden Tag den Auftrag von einer echten Kräuterhexe.

Nachdem ich ihm das Areal für eine Woche überlassen hatte, konnte ich als Resultat die Anlage meines großen Kräutergartens in Augenschein nehmen. Verschiedene Themenbeete, eine Kräuterspirale, und mit Kies eingestreute Wege waren zu erkennen. Wir hatten die Rechnung allerdings ohne die Wiese gemacht! Sie war nicht im geringsten bereit dazu, diese Fläche kampflos aufzugeben. Es dauerte nicht lange und die Beete und Wege waren bereits wieder voll in „Wiesenhand". Diese Rückeroberungen finden seit jenen ersten Tagen jedes Jahr von Neuem statt, aber schließlich bin ich ja selbst der Eindringling, dem man die Aufgabe stellt, sich auf fremden Terrain zu behaupten. In der Zwischenzeit haben wir uns auf ein Gleichgewicht der Mächte geeinigt. Wenn ich treu und brav meiner Sorgepflicht nachkomme, respektiert Frau Wiese wenigstens zeitweise meine ihr vorgegebenen Grenzen.

Der Fehler bei der Anlage des Kräutergartens lag darin, dass alles zu schnell angefangen wurde. Die Grasnarbe wurde lediglich tiefgründig umgepflügt, sodass eine ganze Reihe von Wurzeln auf diese Art sogar vermehrt wurden und entsprechend mehr neue Austriebe hervorbrachten. Die neu angepflanzten kleinen Kräuterstauden mussten sich erst einmal eingewöhnen und anwachsen, bevor sie dieser wilden Übermacht Paroli bieten konnten. Die Kieseinschütte war zu dünn, um den nachwachsenden Gräsern das Leben schwer machen zu können.

Giersch (Aegopodium podagraria)

Diese Ackerunkräuter ergeben einen stoffwechselanregenden Wildsalat.

Aber wie so oft habe ich auch hier dazugelernt. Die Kieswege wurden noch einmal abgetragen und mit einer dicken Schicht Schotter versorgt. Erst danach wurden sie wieder mit Kies aufgefüllt. Die Beete bekamen eine dicke Schicht aus Mulchmaterial, wozu sich übrigens neben anderem auch hervorragend die ins Kraut schießenden Blätter von Beinwell eignen. Bei uns in den ländlichen Gemeinden gibt es so genannte Häckselplätze, wie ich sie in meinem ersten Buch „Mein Kräuterhexenwissen“ beschrieben habe. Das dort angelieferte Schnittgut aus den Gärten und Weinbergen wird dann zu Mulchmaterial verhäckselt und kann kostenlos abgeholt werden.

Für eine neue Beetanlage wird der Wiese das Land langsam, aber um so gründlicher abgerungen, indem monatelang eine lichtundurchlässige Plane ausgelegt wird (Fotos s. S. 112/113 unten). Licht- und Wasserverlust über längere Zeit halten selbst die stärksten Wiesenpflanzen nicht aus. Nachdem die Plane wieder entfernt wurde, kann das so gerodete Land sofort bepflanzt werden. Aufgehende Unkrautsamen werden bereits als junge Keimlinge entdeckt und entfernt, sodass sie erst gar keine größeren Wurzeln bilden können. Diese Arbeit geht wesentlich leichter vonstatten, als das mühselige Herausziehen von Queckenwurzel und anderen verfilzten Gewächsen. Aber auch das geht eben nicht nur mit „Hex! Hex!“, sondern so, wie es die alten Kräuterweiber schon taten.

Hier sind einige Heilkräuter neben vielen Unkräutern zu entdecken.

Wasser belebt den Garten.

Der richtige Erntezeitpunkt

Durch meine Kräutergärten habe ich den Vorteil, dass ich die von mir benötigten Pflanzen genau beobachten kann. Das ist sehr wichtig, um den richtigen Erntezeitpunkt zu bestimmen. Von der Anzucht bzw. von der Pflanzung an betreue ich meine Schützlinge, um einmal in den Genuss der Ernte zu kommen.

Nun geschieht es jedoch häufig, dass sie mich alle auf einmal beglücken wollen und zum gleichen Zeitpunkt „reif" sind. Obwohl die Sommertage die längsten des Jahres sind, reichen sie häufig nicht aus, um die ganze Pracht der Schätze aus der Natur gleichzeitig zu verarbeiten. Auch hier gilt dann Eile mit Weile. Duft- und Würzkräuter, deren Ernte sich aus Zeitgründen verschiebt, können immer noch als Basis für Gewürzmischungen und Duftkissen verarbeitet werden.

Hexenrezept gegen Blattläuse

Auch in einem Kräuterhexengarten wird so manche Rose von besonders unangenehmen Bewohnern heimgesucht. Heerscharen von Blattläusen tummeln sich zum Teil schon im zeitigen Frühjahr auf den zarten Neuaustrieben und Knospen. Meinen Marienkäferhelfern fehlt um diese Zeit noch der Nachwuchs, dessen Lieblingsspeise aus eben jenen Saugern besteht.

So helfe ich meinen Rosen mit einem Gemisch aus einem Liter Wasser, 0,2 Liter Brennspiritus und einigen Tropfen Spülmittel, das in einem Wäschesprüher gut durchgeschüttelt wird. Mit diesem für Mensch und Bienen unschädlichen Gebräu werden die Rosenspitzen gründlich eingesprüht. Die Zusammensetzung bewirkt, dass die Läuse austrocknen, was bereits zwei bis drei Stunden nach der Anwendung erkennbar ist. Die Behandlung muss allerdings noch zwei- bis dreimal wiederholt werden, da es immer ein paar Überlebende gibt.

Im Sommer sorgen dann Vögel, Marienkäfer und Florfliegen für die Reinhaltung der Königin der Rosen. Wenn sich jedoch eine

Ameisenkolonie unter meinen Rosen einnistet, kenne ich kein Erbarmen. Sie wird rigoros vertrieben, denn Ameisen sind Läusepfleger und -melker.

Einfluss des Wetters

Auch das Wetter kann einer Kräuterhexe übel mitspielen. So leidet in kühlen und feuchten Sommern die Kräuterqualität sehr unter dieser Witterung. Die Pflanzen schießen ins Kraut, aber das Aroma bleibt auf der Strecke. Da kann es schon einmal vorkommen, dass ich die ganze Ernte auf den Kompost befördere und auf eine bessere in den meist wärmeren Spätsommerwochen hoffen muss. In manchen Jahren lässt der Winter aber besonders lange auf sich warten, sodass ich auch von Ende Oktober bis Ende November noch einen ganz gut gefüllten Erntekorb mit nach Hause bringen kann. Das hat dann aber wiederum auch nichts mit „Hex! Hex!" zu tun.

Wie ich bereits im Vorwort erwähnt habe, beschleicht mich das etwas ungute Gefühl, dass es mit unserem Wetter auch nicht mehr das ist, was es einmal war. Milde Winter, lange Regenperioden und nur kurze zusammenhängende Sommertage können einem Gärtner das Leben schon ganz schön schwer machen. Die Sonne scheint dann gerade an den Tagen, an welchen man keine Zeit hat, um anschließend sofort wieder für längere Zeit hinter dicken Regenwolken zu verschwinden. Durchgeweichte Gartenböden machen dann eine Bearbeitung unmöglich. Die alten Wetterregeln, die über Jahrhunderte ihre Gültigkeit hatten (wenigstens annähernd!), werden bald nicht mehr gelten, sodass auch dieses Überbleibsel aus alter Zeit verschwindet.

Seit dem letzten Jahr kann ich auch meine Tante verstehen, die in Vancouver in Kanada lebt und die mir immer wieder berichtet, dass sie während der Regenzeit regelmäßig nach Hawaii entflieht, um diesem trostlosen und deprimierenden Anblick zu entfliehen. Ich bin noch auf der Suche nach einem psychologischen Trick, wie ich diese Tristesse aus meiner Umgebung verbannen kann. Wenn ich die Lösung gefunden habe, werde ich Sie sofort darüber informieren, denn ich habe das Gefühl, wir haben so etwas in der nächsten Zeit dringend nötig!

Da Rosen gerne von Blattläusen heimgesucht werden, wende ich eine Mischung aus Wasser, Brennspiritus, und Spülmittel gegen sie an.

So macht man ein Stück eingewachsene Wiese für Anbaukräuter „bewohnbar": Für einige Monate wird eine lichtdurchlässige Plane ausgelegt. Aufgrund des Licht- und Wassermangels sterben die Wiesenpflanzen ab. Nach dem Entfernen der Plane kann man sofort mit dem Bepflanzen beginnen (Text s. S. 111).

Meine Hexenkräuter

Nachdem Sie nun sehr viel über das Thema Kräuterhexengarten erfahren haben, möchte ich Ihnen einige wichtige Heil- und Würzkräuter etwas näher vorstellen. Ich habe bei der Auswahl darauf geachtet, dass es sich um überwiegend „Einheimische" handelt. Das eine oder andere beschriebene Kraut kommt bei uns jedoch nicht als Wildkraut vor, sondern muss im Garten bzw. Topf kultiviert werden. Sie werden feststellen, dass ich auch einen besonderen Wert auf so genannte Wildbegleitkräuter gelegt habe, damit Sie in der Lage sind, den gesundheitlichen und kulinarischen Wert von so manchem Unkraut zu erkennen und zu nützen.

Schafgarbe (Achillea millefolium)

Kräuterporträts von A–Z

Achillea millefolium – Schafgarbe

Frau Schafgarbe ist mehrjährig und wird bis zu 60 cm hoch. Die Blüten erscheinen von Juni bis Oktober und sind überwiegend weiß.

Schafgarben findet man verbreitet auf Wiesen, an Wegerändern und Böschungen. Sie bevorzugen sonnige Standorte, ansonsten sind sie sehr genügsam und widerstandsfähig und können daher feuchte Böden nicht ausstehen. Im zeitigen Frühjahr stellen sie uns ihre würzigen Blätter für so manches Gericht der Wildkräuterküche zur Verfügung und im Sommer ihre Blüten.

Die Schafgarbe gehört zu den wichtigsten und ältesten Heilpflanzen überhaupt. Ihre Heilkräfte sind auch heute noch gefragt, denn sie werden als antiseptisch, blutstillend, krampflösend, harntreibend, menstruationsregulierend und tonisch bezeichnet. Auch gegen Appetitlosigkeit kann die Schafgarbe helfen.

Mein Tipp: Menschen, die mit der Kamille auf Kriegsfuß stehen, sollten es einmal mit einem Schafgarbentee probieren.

Alchemilla xanthochlora – Frauenmantel

In der Reihe der Frauenkräuter darf der Frauenmantel natürlich nicht fehlen. Dieses ausdauernde Kraut der höheren Almwiesen (ab ca. 400 m) wird nur 40 cm hoch und häufig mit seiner wertlosen Gartenschwester verwechselt. Diese bringt es jedoch immerhin auf eine Größe von bis zu 70 cm und interessiert in erster Linie als Schmuckstaude. Der echte Frauenmantel wird als ganzes Kraut geerntet und entfaltet dann seine Heilkraft bei inneren und

Frauenmantel (Alchemilla xanthochlora)

äußeren Wunden und als Frauenpflanze bei Unterleibsentzündungen, Regel- und Wechseljahresbeschwerden, zur Geburtsvorbereitung und zur Förderung der Milchbildung. Der Tee wird bei Magen-Darmerkrankungen sowie als Spül- und Gurgelmittel bei Zahnfleisch-, Mund- und Rachenentzündungen empfohlen. Als Gesichtswasser hilft ein Tee aus Frauenmantel bei großporiger Haut und Sommersprossen.

Alliaria petiolata – Knoblauchrauke

Wenn die weißen, mit Nektar gefüllten Blüten dieser Pflanze im Frühjahr die Hecken-

Knoblauchrauke (Alliaria petiolata)

und Wegränder schmücken, ist es für viele Zeitgenossen kaum vorstellbar, welch intensives Knoblaucharoma in ihren Blättern verborgen ist. Die Knoblauchrauke gehört zu den Halbschattenfreunden und wird ca. 50 – 80 cm hoch. Ich ernte die frischen Blätter, um sie dann feingehackt als delikate Zugabe zu Salaten, Suppen und für Brotaufstriche zu verwenden. Das besondere Aroma, das sich jedoch erst beim Zerteilen der Blätter bildet, hat dieser Pflanze zu ihrem deutschen Volksnamen verholfen. Obwohl ich die kulinarische Seite bevorzuge, sei der Vollständigkeit halber auch die antiseptische, stimulierende, wundreinigende und wundheilende Wirkung dieser Wildpflanze erwähnt.

Allium sativum – Knoblauch

Wer kennt sie nicht, diese sowohl hochgepriesene als auch verabscheute Duftpflanze, die schon die Arbeiter beim Bau der Cheopspyramide bei Kräften gehalten hat. Das Allheilmittel der Volksmedizin stärkt die Verdauungsorgane, treibt Wasser, wirkt allgemein kräftigend und vertreibt Hysterie. Die Inhaltsstoffe bestehen aus schwefelhaltigen ätherischen Ölen, antibiotisch wirkendem Alicin, Vitaminen, Mineralien und Wirkstoffen, die Sexualhormonen ähnlich sind. Knoblauch senkt den Blutfettspiegel, verbessert die Durchblutung und die antibiotische Eigenschaft macht sich besonders im Darm bei Durchfällen bemerkbar.

Ich schätze diese Pflanze aber hauptsächlich in der Küche, denn sie gibt so manchem Gericht das gewisse Etwas. Es ist natürlich von Vorteil, wenn man auf diese angenehme Weise etwas für die Gesundheit tun kann. Nach meiner Erfahrung wird aber das Lager der Knoblauchfreunde und -gegner immer gespalten bleiben.

Allium schoenoprasum – Schnittlauch

Der Schnittlauch, ein Verwandter des Knoblauchs, wird selbst in der Küche von Knoblauchgegnern häufig verwendet. Dieses Gewächs mit seinen grünen Röhren wird für Salate, Suppen, Soßen sowie Teig- und Backwaren verwendet. Obwohl der Schnittlauch auch in den kühlen Zonen Europas als Wildkraut vorkommt, wird er jedoch überwiegend als Kulturpflanze in Gärten, Balkonkästen und Töpfen gehalten. Er braucht jedoch eine mit Humus und Nährstoffen angereicherte Erde, die auch nicht austrocknen sollte. Vom Früh-

Knoblauch (Allium sativum)

Schnittlauch (Allium schoenoprasum)

jahr an bis in den Herbst kann man ständig die frischen Schnittlauchröhren ernten. Achten Sie dabei jedoch darauf, dass Sie die einzelnen Stöcke nicht zu sehr schwächen. Die Schnittlauchblüten verwende ich als Vasenschmuck oder für die Herstellung von Kräuteressig.
Für frischen Schnittlauch im Winter von der Fensterbank werden im Herbst große Schnittlauchhorste ausgegraben und geteilt. Diese lässt man auf dem Beet liegen, setzt sie ab Dezember im Haus in Töpfe und hält sie mäßig warm. Der Schnittlauch beginnt dann recht schnell wieder frisch auszutreiben und steht für die Verwendung in der Küche zur Verfügung.

Allium ursinum – Bärlauch

Der von mir heiß geliebte wilde Verwandte des Knoblauchs wächst in schattigen Auwäldern. Er kann jedoch auch an einer feuchten halbschattigen Stelle, zum Beispiel unter Büschen, im Garten kultiviert werden.
Bereits Anfang März kann ich die ersten Blätter aus dem Wald holen und sie in Soßen, Suppen und Salaten genießen. Die Bärlauchblätter können bis zum Erscheinen der Blüten laufend frisch geerntet werden.
Die Heilwirkung entspricht der des Knoblauchs, wobei ich außerdem eine stark blutdrucksenkende Wirkung festgestellt habe. In meiner Umgebung gibt es viele Bärlauchwälder, sodass ich auf einen Anbau im Garten verzichten kann. Da die Erntezeit für dieses Kraut bereits im April endet, ist es ratsam, sich einen Jahresvorrat einzufrieren. Die Blüten können übrigens hervorragend als Salatdekoration verwendet werden.

Aloysia triphylla – Zitronenstrauch

Dieser stark nach Zitrone duftende, aromatische und sommergrüne Strauch hört auch auf den Namen „Verbene“, „Zitronelle“ und „wohlriechendes Eisenkraut“. Er stammt ursprünglich aus Chile und Peru. Der Zitronenstrauch wurde bereits 1784 in Europa eingeführt, war aber bis vor einigen Jahren bei uns völlig unbekannt. In den Gärten der

Bärlauch (Allium ursinum)

Mittelmeerländer wird er als Nutzpflanze und zur Zierde angebaut. Bei uns ist er jedoch nur als Kübelpflanze mit frostfreier Überwinterung zu kultivieren. Er kann bis zu 2 m hoch werden und blüht von Juni bis in den Herbst hinein. Geerntet werden die länglichen Blätter, denen schon bei der kleinsten Berührung ein starker Zitronenduft entströmt.
Liköre, Seifen und Parfüms werden mit einer Essenz, die aus den Blättern gewonnen wird, aromatisiert.
Verbenentee, wie er in Frankreich und Spanien häufig angeboten wird, hilft bei Übersäuerung, Blähungen, Depressionen, Migräne, Neuralgien und Schwindelgefühl.

Ich werde immer wieder gefragt, wie man in den Besitz eines Zitronenstrauches kommen kann. Es gibt spezielle Kräutergärtnereien, die diese Pflanzen in ihrem Sortiment haben. Oft genügt aber auch eine Anfrage in Ihrem nächsten Gartenzentrum.

Althaea officinalis – Echter Eibisch

Die ursprüngliche Heimat dieses Gewächses aus der Malvenfamilie ist das östliche Mittelmeer und das schwarze Meer. Der echte Eibisch kommt in der Natur sehr selten vor und stammt dann eher aus verwil-

derten Kulturen. Er bevorzugt warme, sonnige Standorte und feuchte Böden. Die Wurzel hat einen sehr hohen Schleimstoffgehalt, sodass sich daraus ein hervorragender Hustentee zubereiten lässt.
Die getrocknete und geschälte Wurzel duftet eigenartig süßlich und sollte wegen der Schleimstoffe zunächst einmal als Tee kalt angesetzt werden. Nach ungefähr zwei bis drei Stunden können wir die Wurzelstückchen abfiltern und den Auszug erwärmen. Eibischwurzeltee hilft auch sehr gut bei Luftröhren- und Kehlkopfentzündungen. Die Blüten und Blätter dieser Pflanze sind als Tee wertlos und gelten daher nur als Schmuck.

Anethum graveolens – Dill

Diese Heil- und Küchenpflanze war bereits den alten Ägyptern, Griechen und Römern bekannt. In den Taschen der Mönche reiste der Dillsamen dann über die Alpen, um in den Kostergärten des nördlichen Europas heimisch zu werden. Das spezifische Dillaroma der Blättchen verfeinert frisch oder getrocknet grüne Salate, Butter, Essig und Fischspezialitäten. Die reifen Samen dieses Doldenblütlers werden zum Einlegen von Gurken, Mixed Pickels und anderen Sauerkonserven verwendet. Getrocknete Dillsamen werden ähnlich wie Kümmel als

Eibisch
(Althaea officinalis)

Zitronenstrauch
(Aloysia triphylla)

Echte Engelwurz (Angelica archangelica)

Tee gegen Bauchschmerzen, Blähungen und als Schlafmittel eingesetzt.
Der Anbau von Dill ist etwas schwierig, denn die Pflanze braucht einen feuchten und schattigen „Fuß" und einen hellen und warmen „Kopf". Verpflanzen tut ihm, ebenso wie Trockenheit, überhaupt nicht gut, denn er neigt dann dazu, sehr schnell durchzuschießen, sodass eine Ernte dann äußerst mager ausfällt.

Angelica archangelica – Echte Engelwurz

Schon so manche Angelika hat mich danach gefragt, was es wohl mit der Wurzel ihres Namens auf sich hätte. Nun, die Engelwurz ist eine Pflanze des Nordens und gehört wahrlich zu den Walküren unter den Pflanzen. Man trifft sie häufig an Waldrändern und in Wiesen, wo sie jedoch selten zu ihrer wahren Größe von bis zu 2,50 m heranwächst. Die dicken und hohlen Stängel wurden früher als Konfekt verarbeitet. Die frischen Blätter und Blattstiele würzen Suppen, Soßen und Salate.

Dill (Anethum graveolens)

Als Heilpflanze hält sie jedoch ihre Wurzel für uns bereit. Sie schmeckt würzig, süß bis bitter scharf und ist Bestandteil von Heiltränken und Magen-Darmtees. Engelwurz wird oft mit anderen Kräutern wie Wermut, Pfefferminze, Schafgarbe oder Kalmus gemischt. Auf diese Weise wird der Geschmack erträglicher und die Heilwirkung bei Magen-Darmerkrankungen verstärkt.
Die echte Engelwurz gehört zu den Doldenblütlern, die auch giftige Vertreter zu ihren Familienmitgliedern zählen. Gerade die Engelwurz sollte man daher genau kennen, denn sie wächst auch an feuchten Stellen in der Wiese und am Waldrand, wo sich der hochgiftige Schelling ebenfalls wohl fühlt. Außerdem wird sie häufig mit dem Wiesenbärenklau verwechselt, der jedoch behaarte Blätter und Stiele besitzt. Einer Verwechslung mit diesem Verwandten endet zwar nicht tödlich, aber viele Menschen reagieren auf die Absonderungen dieser Pflanze allergisch. Anzeichen hierfür sind ein nesselsuchtähnlicher Hautausschlag mit „Brandblasen". Für die Nichtallergiker stellt der Wiesenbärenklau freilich einen leckeren Wildspinat dar, sofern man hierfür nur die jungen Blätter verwendet.

Anthriscus cerefolium – Gartenkerbel
Dieses wunderbare, leicht nach Anis schmeckende Küchenkraut kann bereits Ende April direkt ins Freiland gesät werden. Großmutters Kerbelsüppchen wird auch in der Kräuterhexenküche gerne zubereitet. Wer diese Spezialität ebenfalls häufig auf den Speiseplan setzen möchte, sollte das Kraut in vierzehntägigem Abstand aussäen. So kann nach einer kurzen Entwicklungszeit von vier bis acht Wochen wiederholt geerntet werden. Das Aroma des geschnittenen Krautes verfliegt rasch, sodass es unter Haushaltsbedingungen nicht getrocknet werden kann. Durch professionelle Trocknungsmethoden ist es jedoch möglich, auch getrockneten, aromatischen und heilkräftigen Kerbeltee herzustellen.

Aufgrund der wassertreibenden und blutreinigenden Wirkung eignen sich Tee und auch Gewürz hervorragend für die Frühjahrskur.
In meiner Teemischung zur Unterstützung bei Gelenkschmerzen ist der Kerbel neben Lorbeer auch ein wichtiger Bestandteil, denn diese Anwendung von Kerbel war bereits bei unseren Altvorderen bekannt. Des weiteren wird dieses Kraut auch heute noch in manchen Gegenden zur Schönheitspflege benutzt. Kompressen mit Kerbelauszug sollen gegen entzündete Augen helfen und als Gesichtskompresse vorbeugend gegen Faltenbildung wirken. Sie können es ja einmal ausprobieren.

Arnica montana – Bergarnika
Schon so manche Stoß-, Tritt- oder Schlagverletzung wurde mit der altbekannten Arnikatinktur oder -salbe kuriert. Aber auch bei Herzschwäche, Erschöpfung, Asthma, Gicht und rheumatischen Beschwerden hat sich der Einsatz eben jener Blume der Bergregionen bewährt, wo sie über Generationen als Universalheilmittel eingesetzt wurde. Wildbestände von Arnika sind geschützt und sie darf deshalb nicht gesammelt werden. Auch bei der Anwendung müssen einige wichtige Punkte beachtet werden. Arnikatee oder unverdünnte Arnikatinktur können bei innerlichem Gebrauch zu Nebenwirkungen wie Schwindel, Herzrhythmusstörungen, Durchfall und Muskelzittern führen. Deshalb ist hier eine exakt eingestellte pharmazeutische Zubereitung notwendig. Aber auch bei äußerlich angewandter Arnikatinktur kann es zu Hautschädigungen kommen, wenn diese unverdünnt aufgetragen wird.

Kerbel (Anthriscus cerefolium)

Eberraute (Artemisia abrotanum)

Artemisia abrotanum – Eberraute

Die Eberraute ist eine Verwandte zu Wermut, Beifuss und Estragon. Das klingt eigentlich harmlos, ich habe sie aber dennoch in meinem Giftpflanzenbeet angebaut. Wenn auch der bittere Zitronengeschmack der feinen Blättchen in manchen Ländern zum Aromatisieren von Kuchen, Salaten und Kräuteressigen Anwendung findet, so sollte man doch die Giftigkeit dieser Pflanze in hohen Dosen nicht unterschätzen. So gab man sie früher zum Beispiel Kindern, zum Austreiben von Würmern, was sich aber häufig nicht nur auf den Parasitenbefall sehr negativ auswirkte. Heute empfehle ich diese Pflanze als Antimottenmittel und als Bücherkraut, um damit alte Bücher vor Insektenbefall zu schützen.

Artemisia absinthium – Wermut

Wer kennt ihn nicht, den berühmten Wermutstropfen bei allzu euphorischer Stimmung? Das Leben hat eben süße und bittere Seiten. Der Wermut ist eine bitter-aromatische Staude und wächst mit Vorliebe auf trockenen, aber nährstoffreichen Böden. Trockene Felshänge und Weinberge sind seine bevorzugten Aufenthaltsorte, damit er seine weißsilbrig behaarten Stängel und Blätter der Sonne entgegenstrecken kann. Als Bitterkraut kann er als Tee oder Heiltrank auf alkoholischer Basis so manche Verdauungsstörung positiv beeinflussen. Er gilt für viele Volksmediziner schlichtweg als allgemein stärkendes Tonikum. Denken Sie jedoch daran, dass Wermut auch appetitanregend wirkt.

Artemisia dracunculus – Estragon

„Der kleine Drache", wie dieses Kraut auch genannt wird, kam mit den Kreuzzügen nach Mitteleuropa. Seine ursprüngliche Heimat liegt in Süd- und Mittelasien, der Mongolei, Sibirien und im Westen Nordamerikas. Als Kräutergärtner sollte man unbedingt von der Zweifaltigkeit des Estragons wissen, es gibt nämlich einen russischen und einen französischen. Sie unterscheiden sich gravierend in ihrer Würzkraft und Widerstandsfähigkeit.
Der russische Estragon ist zwar robuster als der französische, er besitzt aber nur wenig Würze. Der französische Estragon

Wermut (Artemisia absinthium)

Estragon-Essig

Eine gründlich ausgespülte helle Flasche mit 0,5 l Inhalt wird zur Hälfte mit gutem weißen Weinessig (Säure mindestens 5 %) gefüllt. Danach gibt man 3–4 Zweige französischen Estragon dazu und füllt das Ganze mit Essig auf. Dieser Ansatz sollte 14 Tage im Hellen ziehen. Danach ist der Estragon-Essig gebrauchsfertig.
Auf diese Art und Weise können von fast allen Küchenkräutern Würzessige hergestellt werden.

Estragon (Artemisia dracunculus)

ist wesentlich aromatischer, benötigt aber Winterschutz und kann nur über Wurzelausläufer vermehrt werden. Estragonblättchen passen hervorragend zu Salaten, Geflügel, Suppen und Soßen, es sollte jedoch sparsam damit umgegangen werden. Estragonessig ist ebenfalls eine beliebte Rezeptur für dieses feine Kraut.

Artemisia vulgaris – Beifuß

Dieses Sommerzauberkraut war in der Volksmedizin lange Zeit eine geschätzte Heilpflanze. Von Juli bis August werden die oberen Triebspitzen unmittelbar vor der Blüte geerntet. Die Heil- und Würzkraft dieser Pflanze entwickelt sich erst während des Trocknens. Als Bruder des Wermuts verfügt auch der Beifuß über einen reichlichen Gehalt an Bitterstoffen, die aber nicht ganz so heftig empfunden werden. Verbunden mit einer aromatischen Würze wirkt sich diese Tatsache sehr wohltuend auf unsere Verdauung aus.
Ich habe jedoch die Erfahrung gemacht, dass dieses alte Gänse- und Schweinebratengewürz nur noch den älteren Hausfrauen bekannt ist. Als uralte Zauberpflanze musste man sie am Sonnwendtag pflücken, um in den Genuss ihrer Wirkung gegen Dämonen und Blitzeinschläge zu kommen. Einen Beifusskranz musste man ins Johannisfeuer werfen, um Gesundheit für ein Jahr zu erlangen.
Beifuß wächst an allen trockenen Wegrändern, auf Schuttplätzen und in der Nähe von Baggerseen und Flüssen. Der Sage nach sollen in die Schuhe gelegte Beifußblätter dazu beitragen, dass man bei längeren Wanderungen keine müden Füße bekommt. Dieser Hinweis wurde schon häufig bei meinen Exkursionsteilnehmern in die Tat umgesetzt.

Beifuß (Artemisia vulgaris)

Barbarakraut
(Barbarea vulgaris)

Barbarea vulgaris – Barbarakraut
Der Name „Winterkresse", wie diese Pflanze auch genannt wird, verrät zweierlei. Erstens, dass die Haupternte im Winter stattfindet, und zweitens, dass dieses Kraut ähnlich scharfwürzig wie Kresse schmeckt. Das Barbarakraut gehört also zu den wenigen Kräutern, die in der kalten Jahreszeit laufend frisch geerntet werden können. Ein Problem besteht jedoch darin, dass das Barbarakraut von April bis Juni blüht und sich dann erst als solches zu erkennen gibt. Außerdem wird es häufig mit dem ähnlich aussehenden Senf verwechselt. Wenn Sie jedoch zu den Kräuterfreunden gehören, die dieses Kraut exakt kennen, so steht einer Ernte der wohlschmeckenden und stoffwechselanregenden Blätter nichts mehr im Wege.

Bellis perennis – Gänseblümchen

Gänseblümchen
(Bellis perennis)

Das Maßliebchen gehört zu jenen Heilkräutern, die sich meist von alleine einfinden. Es wächst wild auf Wiesen, an Wegrändern und auf dem Rasen. Wo es einmal heimisch geworden ist, vermehrt es sich von selbst, wenn der Boden feucht und humusreich ist. Im Garten ist es für reichlich Kompost dankbar.
Ich erinnere mich noch genau daran, dass mein erster Blumenkranz als Kind aus Gänseblümchen gebunden war. Heute weiß ich, dass es sich um eine wichtige Heilpflanze handelt, die stoffwechselanregend, harntreibend, krampf- und hustenlösend wirkt. Gänseblümchentee wirkt blutreinigend und entschlackend, sodass er auch für die Behandlung von Hautkrankheiten geeignet ist. Für den Tee werden die Blüten und für einen Wildkräutersalat auch die Blätter geerntet.
Im Volksglauben war das Gänseblümchen zunächst Freya, der Göttin des Frühlings und der Fruchtbarkeit zugesprochen, später dann der Jungfrau Maria, was offensichtlich zu der Bezeichnung Marien- oder Himmelsblume geführt hat.

Borago officinalis – Boretsch
Früher glaubte man, dass der Boretsch die Menschen fröhlich mache und Traurigkeit vertreiben könne. Bezeichnungen wie Herzfreude, Liebäuglein, oder Wohlgemutsblume sind wohl auf diesen Glauben zurückzuführen. In der Tat hat der Boretsch mit seinen wunderschönen blauen

Blüten und den nach frischen Gurken schmeckenden Blättern etwas Aufheiterndes an sich. Wenn nur die borstigen Haare nicht wären. Diese werden von vielen Menschen als unangenehm empfunden.
Boretsch ist als Heilpflanze fast in Vergessenheit geraten, obwohl er blutreinigend, schleimlösend und herzstärkend wirkt. Das saftige Kraut wird überwiegend in der Küche verwendet, um Salat, Quark, Eierspeisen und kalte Soßen mit seinem frischen Aroma zu bereichern. Die Blüten können als essbare Dekoration verwendet werden.

Ringelblume
(Calendula officinalis)

Boretsch
(Borago officinalis)

Calendula officinalis – Ringelblume

„Ringhula" war bereits Hildegard von Bingen bekannt. Sie empfahl sie gegen Verdauungsstörungen und Ekzeme. Die gelb oder orange blühende Ringelblume gehört zu der typischen Bauerngartenflora. Die etwas streng riechenden und bitter schmeckenden Blätter und Blüten können in jungem Zustand als Salatwürze verwendet werden. Zu Heilzwecken dienen jedoch nur die Blüten. Diese können als ganze Blüten oder ausgezupft getrocknet werden, um damit einen blutreinigenden und krampflösenden Tee herzustellen.
Getrocknete Ringelblumen duften angenehm nach Honig und werden häufig auch als Schmuckdroge für Teemischungen verwendet. Das bekannteste Heilmittel mit den Inhaltsstoffen der Ringelblume ist die Salbe. Sie heilt Wunden, Entzündungen, Quetschungen, rissige Hände, Narben und Verbrennungen. Die getrockneten und pulverisierten Blütenblätter können als Safranersatz den Speisen zugesetzt werden.

Ringelblumen-Öl

Aus Ringelblumen können wir jedoch auch ein heilkräftiges Öl ansetzen. Dazu werden frische ausgezupfte Ringelblumenblüten mit einem Messer grob gehackt und in eine Flasche aus hellem Glas gefüllt. Die Flasche sollte halb voll werden. Danach geben wir soviel kalt gepresstes Sonnenblumenöl dazu, dass die Flasche voll ist und alle Blüten von dem Öl bedeckt sind. Diesen Ansatz lässt man ca. 14 Tage in der Sonne (oder im Hellen) stehen. Dabei wird die Flasche nicht verschlossen, sondern lediglich mit einem Mulltuch zugebunden, damit eventuell entstehende Gase entweichen können, der Inhalt aber nicht verschmutzt. Der Ölansatz sollte einmal täglich leicht geschüttelt werden. Nach 14 Tagen hat sich das Öl goldgelb gefärbt und die Ringelblumen können sauber abfiltriert werden. Ich benutze dazu ein Kaffeefilterpapier. Das so entstandene Heilöl kann entweder in einer Salbe weiterverarbeitet werden oder man benutzt es pur bei trockener, zu Entzündungen neigender Haut. Auch Babypopos können auf diese Art gepflegt und gesund erhalten werden.

Hirtentäschel (Capsella bursa-pastoris)

Capsella bursa-pastoris – Hirtentäschel

Dieses Wildbegleitkraut wächst mit Vorliebe überall dort, wo der Boden nährstoffreich und humos ist. Das Hirtentäschel bekam seinen Namen von der Form der dreieckigen Fruchtkapseln, die einer Hirtentasche ähnelt. Die Pflanze wird bereits seit dem Mittelalter als blutungsstillendes Heilmittel benutzt. Das Kraut wird als Ganzes getrocknet und bei offenen Wunden, Verletzungen, Nasenbluten, Blut spucken und zu starker Regelblutung eingesetzt, das kann innerlich als Tee und äußerlich in Form von Bädern und Umschlägen geschehen. Die jungen Blätter können als Zutat zu Salaten verwendet werden.

Bei der Wildsammlung des Hirtentäschels sollte man unbedingt den Standort auf Sauberkeit untersuchen, denn es wächst bevorzugt an umweltbelasteten Stellen. Auch der Wirkstoffgehalt unterliegt extremen Schwankungen.

Carum carvi – Kümmel

Obwohl bestimmt schon jeder einmal auf ein Kümmelkorn gebissen hat, entdeckt man die dazu gehörigen Pflanzen in der Wiese nur mit Kennerblick. Wie lange dieses Urgewürz schon bekannt ist, habe ich bereits bei den ersten Gärten erwähnt. Doch bis auf den heutigen Tag wird der Kümmel auch als Heilmittel eingesetzt. Die vollreifen Kümmelsamen, die übrigens von speziell angebauten Pflanzen stammen, wirken magenstärkend, blähungstreibend, erwärmend, milchbildend und harntreibend. Die krampflösende und verdauungsfördernde Wirkung des Gewürzes wird besonders bei schwer verdaulichen Mahlzeiten geschätzt.

Kümmel (Carum carvi)

Ich rate immer wieder dazu, die Samen kurz vor dem Gebrauch in einem Mörser anzustoßen. Das ätherische Öl kann auf diese Art schneller wirken und man benötigt nur die Hälfte der Dosierung.

Centaurium erythraea – Echtes Tausendgüldenkraut

Die Pflanze mit dem monetären Namen wächst auf Wiesen und Waldlichtungen.

Sie ist geschützt und darf nicht gesammelt werden. Ähnlich wie der Wermut, zählt das Tausendgüldenkraut zu den Bitterstoffdrogen und wird aus diesem Grund in erster Linie als Tee bei Verdauungsstörungen, Appetitmangel und Leber- und Gallestörungen empfohlen. In manchen Gegenden heißt diese Pflanze auch Fieberkraut, denn die Volksmedizin setzt es auch bei Fieber, Schnupfen, Sodbrennen und zur Blutreinigung ein. Es gehört daher zu den tonisch wirksamen Heilkräutern, dies bedeutet, dass es einen allgemein fördernden und stimulierenden Effekt auf den ganzen Körper hat. Im Aberglauben zählt das Tausendgüldenkraut übrigens zu den antidämonischen Mitteln.

Chamaemelum nobile – Römische Kamille

Dieses englische Duftrasenkraut ist bei uns als Gartenpflanze noch recht unbekannt. Es gibt eine blühende und eine nichtblühende Variante, wobei beide bei Berührung den für die Römische Kamille typischen Kamillen-Apfel-Duft verströmen. Diese Pflanze, die möglicherweise schon vor den Römern bei uns bekannt war, wird wie die Echte Kamille als Heilpflanze verwendet und kann zur Wirkungsverstärkung auch mit dieser kombiniert werden. Entzündungen, Fieber und Krämpfe sowie Blähungen werden mit dieser Pflanze kuriert. Auch äußerlich hat sich die Römische Kamille bei Geschwüren und Wunden bewährt.

Als uraltes Kosmetikum wird sie als Tönungsmittel für blonde Haare angewandt. Diese besondere Kamille verwende ich häufig als Geschmacksverbesserer für Teemischungen, die dadurch ein besonderes Aroma erhalten. Geerntet werden nur die weißen Blütenköpfchen.

Chenopodium bonus-henricus – Guter Heinrich

Der Gattungsname dieses Urspinates vom Wegesrand kommt vom griechischen „chen“ = „Gans“ und „podus“ = „Fuß“ also Gänsefuß, was mit der Form der Blätter zu erklären wäre. Was jedoch noch König Heinrich IV mit diesem Kraut zu tun haben soll, ist nicht mehr nachvollziehbar.

Vielleicht hat er besonders gern Spinat gegessen, denn als solcher wurde und wird der Gute Heinrich verzehrt. Man findet ihn häufig auf frischen nährstoffreichen, humosen und lehmigen Böden.

Römische Kamille (Chamaemelum nobile)

Guter Heinrich (Chenopodium bonus-henricus)

Seine Vorliebe für einen hohen Stickstoffgehalt wird besonders in der Nähe von Ställen bedient. Der Gute Heinrich schmeckt übrigens wirklich wie Spinat, aber für meine Begriffe wesentlich milder.

Cichorium intybus – Gemeine Wegwarte

Wer hätte gedacht, dass aus dieser verzauberten Jungfer mit den blauen Augen einmal eine so bekannte Salatsorte wie Chicorée entsteht. Seit sie von ihrer Mutter, einer Zauberin, als Schutz vor dem Zugriff eines gut aussehenden Jünglings zur ewig wartenden Pflanze am Wegesrand verzaubert wurde, wächst sie auf Weiden, auf Ödland, an Wegerändern und vor meiner Haustüre. Sie diente mit ihrer Wurzel bereits als Kaffee-Ersatz und mit ihren verblühten und trockenen Blütenstielen als Backhausbesen. Obwohl früher die Blätter als Umschläge und die Wurzel als Gegengift bei Leberbeschwerden oder als mildes Abführmittel benutzt wurden, steht doch immer noch die Verwendung als Gemüse und Salat im Vordergrund. Die im Dunkel gezüchteten Chicoréeköpfe stammen von der Zuchtform *Cichorium intybus var. foliosum*.

Coriandrum sativum – Koriander

Ähnlich wie der Kümmel, gehört auch der Koriander zu den ältesten Gewürzen überhaupt. Selbst in der Bibel wird das göttliche Manna mit Koriandersamen verglichen. Bei uns hört der Koriander allerdings auf den weniger schmeichelhaften Namen „Wanzenkraut“. Dieser spezifische Geruch entsteht, wenn man frische Korianderblätter zerkleinert. Das wussten bereits die alten Griechen, denn „Koros“ bedeutet „Insekt“ und in diesem Falle eben Wanzen. Die Samen werden jedoch von alters her als Stimulans und Gewürz benutzt. Man

Koriander (Coriandrum sativum)

mischte die Samen mit Kümmel und Essig und beizte damit das Fleisch.
Sie wurden aber genauso den Liebestränken des Mittelalters zugesetzt. Probieren Sie Korianderwasser einmal bei Blähungen und „verklemmten Winden“. Ansonsten wird es gerne als Gewürz für Eingelegtes, Brot, Kuchen, Pasten, Süßigkeiten und Likören sowie für Fleisch- und Gemüsegerichte verwendet. Auch das indische Curry ist ohne Koriander nicht vollständig.
Der Koriander ist im Mittelmeerraum beheimatet und kommt daher bei uns nur als Kulturpflanze vor.

Daucus carota – Wilde Möhre

Diese Urgroßmutter unserer Gartenkarotte treffen wir im Sommer auf Schritt und Tritt. Natürlich befindet sie sich das ganze Jahr über auf mageren Wiesen, an Wegrändern, in Steinbrüchen und auf Böschungen, aber

im Sommer ist sie an ihren Blüten zu erkennen.
Der Blütenstand ist eine flache Dolde aus unzähligen weißen Einzelblüten, wobei die mittlere Blüte dieser Dolde verkümmert ist und dunkelrot bis schwarz gefärbt ist. Später, nach der Befruchtung, entwickelt sich aus dieser Blütendolde das so genannte Nest, das als wichtigstes Erkennungsmerkmal für die wilde Möhre gilt.
Die Wurzel war schon immer ein wichtiges Nahrungsmittel. Sie wird genauso zubereitet wie ihre kultivierten Töchter aus unserem Garten.
Das Aroma ist jedoch wesentlich intensiver, obwohl die Wurzeln im Vergleich zu unserer Kulturmöhre wirklich winzig sind. Wenn Sie jedoch einmal eine Suppe aus diesem aromatischen Wildkraut gekocht haben, gehen Sie mit Sicherheit in Zukunft gerne auf die Suche nach diesem Küchenschatz.

Arzneifenchel
(Foeniculum vulgare)

Eruca sativa – Rauke

Ich bin mir sicher, dass Sie diese alte Wildpflanze aus dem Mittelmeergebiet und Ostasien überhaupt nicht kennen würden, gäbe es da nicht den Italiener um die Ecke. Obwohl die Ölrauke seit vielen Jahren auch bei uns heimisch ist, hat sie schwer an ihrer Karriere als Rucolasalat arbeiten müssen. Noch vor wenigen Jahren habe ich nur über italienische Umwege Saatgut von diesem Kraut mit seinem nussartigen und kresseähnlichen Geschmack bekommen. Das ganze Jahr über können die frischen Blätter geerntet werden. Aber auch die hübschen gelblichen oder cremefarbenen Blüten mit ihren dunkel violetten Adern sind eine Bereicherung im Kräutergarten.

Foeniculum vulgare – Arzneifenchel

Den Fenchel kennen wir bereits seit den ersten Wochen unseres Daseins auf dieser Welt. Wohl kaum ein Säugling wird ohne dieses Kraut aus der Familie der Doldengewächse großgezogen. Zunächst kommt uns seine krampflösende und blähungstreibende Wirkung zugute. Später bekommen wir dann die schleimlösenden Eigenschaften des Fenchels in einem Hustentee zu spüren.
Für stillende Mütter schließlich wird der Fenchelsamen mit Anis und Kümmel zu dem klassischen Milchbildungstee gemischt. Obwohl auch die feingefiederten Blätter verwendet werden können, befinden sich die Hauptwirkstoffe doch in den reifen Samen, die im Spätsommer geerntet werden.
Diese verleihen auch so manchem Brot und Gebäck ihr besonderes Aroma. Auch hier sollten die ganzen Fenchelsamen erst kurz vor dem Gebrauch im Mörser angestoßen werden.

Wilde Möhre
(Daucus carota)

Fumaria officinalis – Erdrauch

Als ich vor vielen Jahren hier in meine Wahlheimat nach Sternenfels kam, entdeckte ich in den Weinbergen eine mir bis dahin völlig unbekannte Pflanze.
Sie war sehr filigran gebaut und verfügte über eine zierliche, blassrote Blütentraube. Nachdem ich in meinem Pflanzenbestimmungsbuch nachgeschaut hatte, erfuhr ich, dass es sich hierbei um den Erdrauch handelte. Ich erfuhr auch, dass diese Pflanze dazu geeignet sei, die Gallensekretion zu regulieren, und sich deswegen hervorragend bei Beschwerden im rechten Oberbauch, bei Fettunverträglichkeit, Übelkeit, Verstopfung und Kopfschmerzen bewähren würde. Die verstopfte Leber und Milz wird geöffnet, sodass sich das Wohlbefinden wieder einstellt.
Da ich bereits seit vielen Jahren verheiratet bin, kann mir der Erdrauch nicht mehr als Liebesorakel dienen. Ansonsten müsste ich mir eine Erdrauchpflanze an den Busen stecken, damit der erste Mann, den ich in diesem Zustand sähe, mein Zukünftiger werden würde.
Das ist vielleicht ein Tipp für die Eine oder Andere unter Ihnen.

Waldmeister (Galium odoratum)

Echtes Labkraut (Galium verum)

Galium odoratum – Waldmeister

Der Waldmeister ist heutzutage eher als künstliches Aroma für so manches Produkt anstatt als echtes Wildkraut bekannt. Wahrscheinlich liegt es daran, dass man dieses Kraut der Buchenwälder einfach nicht mehr kennt. Er macht es uns allerdings wirklich nicht leicht, denn als frischer Kräuterjüngling ist aber auch gar nichts von seinem spezifischen Duft zu verspüren. Erst nachdem er gepflückt wurde und anfängt zu welken, gibt er sich zu erkennen.

Galium verum – Echtes Labkraut

Das in der Blütezeit fein nach Honig duftende Echte Labkraut mit seinen gelben Blütenrispen wächst nur auf trockenen Wiesen, an Wegrändern und Waldsäumen. Es wird während der Blüte als ganzes Kraut geerntet. Da die Pflanze tatsächlich Labferment als Inhaltstoff besitzt, könnte man sie bei der Käseherstellung verwenden. Das Echte Labkraut war in früheren Zeiten eine wichtige Färbe- und Heilpflanze. Heute wird sie nur noch in der Volksmedizin als Heilkraut gegen Magen-Darm-Katarrh, in Blasen- und Nierentees, bei Leberleiden und zur Vorbeugung der Epilepsie eingesetzt. Neuerdings werden aber auch wieder Wolle und Seide mit diesem Kraut gefärbt. Die Blüten ergeben eine Gelbfärbung und die Wurzeln färben rot. Dazu müssen jedoch besondere Rezepturen für das Färben mit Pflanzen berücksichtigt werden.

Geum urbanum – Echte Nelkenwurz

Hildegard von Bingen empfiehlt diese besondere Wurz als Bestandteil für einen Trank „der die Liebe zum Entflammen bringt". Der volkstümliche Name „Manneskraft" lässt ebenfalls auf so manche eindeutig zweideutige Anwendung schließen.
Wer sich nach dieser Pflanze umschauen möchte, findet sie an feuchtem Gebüsch und Waldrändern, an Gräben, Zäunen und Mauern. Wer sie jedoch bereits im Garten sein Eigen nennt, wird sie nicht mehr los, denn der ausdauernde Wurzelstock ist fest in der Erde verankert.
Alte Kräuterbücher berichten auch von einer Anwendung bei Gelbsucht, Koliken, Schlaganfällen und den daraus resultierenden Lähmungen und als Magen-Darm-Tee

Gundelrebe
(Glechoma hederacea)

bei Durchfällen. Wenn Sie es nötig haben sollten, Hexen und Teufel zu vertreiben, pulverisieren Sie die Wurzel und streuen Sie dieses Pulver rund um Ihr Haus.

Glechoma hederacea – Gundelrebe

Auch hier haben wir es mit einem echten Hexenkraut zu tun. Mit einem Gundelrebenkranz auf dem Kopf erkennen Sie in der Walpurgisnacht sämtliche Hexen in Ihrer Umgebung und sind gleichzeitig vor ihnen geschützt. Das dachte man zumindest früher. Die Gundelrebe wurde bereits zu altgermanischen Zeiten als Heilpflanze benutzt, denn man erkannte schon sehr früh ihre stoffwechselanregende und stärkende Wirkung. Durch ihre Inhaltsstoffe wie ätherische Öle, Bitterstoffe, Gerbstoffe und Vitamin C ist sie auch heute noch ideal für die Frühjahrskur geeignet.
Die jungen Blättchen werden dazu in Wildkräutersuppe und Quark mit anderen Kräutern gemischt. Wer möchte, kann sich natürlich auch einen Salat mit diesem Wildkraut anreichern. Für naturnah angelegte Gärten empfehle ich die Gundelrebe als Bodendecker unter Gebüsch oder Bäumen. Sie bevorzugt nährstoffreiche Böden und blüht ab März blauviolett.

Echte Nelkenwurz
(Geum urbanum)

Lorbeer
(Laurus nobilis)

Laurus nobilis – Lorbeer

Sieger in sportlichen Wettkämpfen, berühmte Poeten, erfolgreiche Feldherren und der griechische Gott Apoll selbst wurden mit dem Siegeskranz aus Lorbeerblättern geehrt. Das Symbol des Lorbeerkranzes verspricht Ehrerbietung bis auf den heutigen Tag. Wie unwürdig ist dagegen der häufige Aufenthaltsort dieser Ehrenblätter in irgendeiner Tüte in der hinteren Küchenschublade. Die stark würzigen und leicht bitteren Lorbeerblätter werden nach meiner Erfahrung immer viel zu wenig eingesetzt, um mit ihren ätherischen Ölen, Gerb- und Bitterstoffen und ihrem spezifischen Geschmack die Speisen zu veredeln. Als Kübelpflanze ist der Lorbeer jedoch wieder stark im Kommen. Bei der Überwinterung in hellen, kühlen aber frostfreien Räumen muss der Lorbeer aber häufig auf Schädlingsbefall kontrolliert werden, denn Schildläuse haben ihn zum Fressen gern.

Lavandula angustifolia – Lavendel

Dieser „Urlaubsstrauch" aus südlichen Gefilden hat sich auch in unseren Gärten breit gemacht. Sogar öffentliche Straßenplätze werden immer häufiger mit Lavendel bepflanzt. Der frisch-würzige Duft der Lavendelblüten ist heutzutage wieder sehr gefragt, sodass Lavendelöl, -seife, und -kissen zu neuen Ehren kommen.

Für den Kräutergärtner ist die Sortenvielfalt interessant. In einem Lavendelbeet können neben dem allzeit bekannten Lavendel auch Munstead-Lavendel, silbriger Zahnlavendel, Farnlavendel, Speik- und Schopflavendel für Abwechslung sorgen. Lavendelöl ist ein wichtiger Grundstock für die Parfümindustrie. Schon die alten Römer badeten (lateinisches Wort für waschen = lavare) in Lavendel, weil sie seine Heilkraft und seinen Duft schätzten. Lavendelblüten werden unmittelbar nach dem Öffnen geerntet und helfen als Tee gegen Stress und Kopfschmerzen.

Lepidium sativum – Gartenkresse

Dieses leicht zu kultivierende Kräutlein ist bei uns schon seit Jahren den ganzen Winter über selbst in großen Supermärkten zu bekommen. Dabei ist es selbst für einen Stadtmenschen recht einfach, dieses leicht scharfe und würzige Kraut auf der Fenster-

Echter Lavendel
(Lavandula angustifolia)

Gartenkresse
(Lepidium sativum)

bank zu ziehen. Man streut die Samen einfach auf ein nasses Wattevlies, hält dieses weiter feucht und kann nach fünf bis sechs Tagen ernten. Das besondere Kressearoma wird durch die darin befindlichen Senföle hervorgerufen.
Auch eine Kultur im Garten ist sehr einfach. Wenn die Pflanzen etwa handhoch sind, werden sie geschnitten und als Salat oder Kräuterbutter verarbeitet. Kresse wirkt als erfrischende Kur bei Frühjahrsmüdigkeit und Blutarmut. Sie schmeckt als Würze auch zu Eiern, Radieschen, Broten und Quark. Die Gartenkresse sollte immer jung und frisch geerntet werden, da sie im erwachsenen Alter herb und bitter wird.

Levisticum officinale – Liebstöckel
Liebstöckel oder Maggikraut hat seine ursprüngliche Heimat wohl in Ligurien und ist wie so manches andere Kräutlein mit den Mönchen über die Alpen gezogen. Ich liebe den würzigen Sellerieduft und -geschmack dieser Pflanze besonders, sodass ich es manchmal kaum erwarten kann, bis sich im Frühjahr die ersten Blätter zeigen. Obwohl eine einzige Staude für einen normalen Haushalt als Suppenwürze ausreichend ist, habe ich in jedem meiner Gärten Liebstöckel angepflanzt. Je älter solch eine Staude wird, um so mächtiger werden die Büsche. Ich gehe ihnen aber im Herbst an die Wurzel, um einen Teil davon als Blasentee zu trocknen, denn die Liebstöckelwurzel hat eine sehr stark wassertreibende Wirkung. Wenn dieser Tee den Winter über nicht benötigt wird, wandert er im nächsten Frühjahr in den Suppentopf, um seine Würzkraft darin zu entfalten. Frische Liebstöckelblätter schmecken nicht nur in der Suppe, sondern auch zu Kartoffelsalat, grünem Salat, Quark, Kräuterbutter und Pfannenkuchen.

Liebstöckel
(Levisticum officinale)

LAVENDEL-BAD

Wenn Sie gerne ein entspannendes Lavendelbad genießen möchten, so geht das ganz einfach mit ätherischem Lavendelöl. Sie müssen nur 10–15 Tropfen Lavendelöl mit einem Schnapsglas voll süßer Sahne oder einem halben Becher Milch mischen und dies dem Badewasser zusetzen.
Die Rezeptur für ein Lavendelölbad bei trockener Haut ist ebenfalls recht einfach selbst herzustellen. Sie füllen eine Halbliterflasche halbvoll mit frischen oder getrockneten Lavendelblüten. Diese werden mit kaltgepresstem Sonnenblumenöl oder Jojobaöl aufgegossen. Diesen Ansatz stellen Sie 14 Tage ins Helle und schütteln die Flasche einmal täglich gut durch. Nach 14 Tagen können Sie die Blüten abfiltrieren. Das entstandene Lavendelöl kann noch mit 5–6 Tropfen ätherischem Lavendelöl „verfeinert" werden. Für ein Vollbad nehmen Sie 2 Schnapsgläschen voll Lavendelölauszug und mischen diesen mit einer Tasse Sahne. Diese Mischung geben Sie in Ihr Badewasser.

Echte Kamille (Matricaria recutita)

Linum usitatissimum – Echter Lein

Diese Pflanze gehört zu den ältesten Kulturpflanzen überhaupt. Flachs, wie der Lein auch heißt, Leinsamen und gewobenes Leinen wurden bereits in ägyptischen Gräbern und bei Ausgrabungen aus der Steinzeit gefunden.

Die Herstellung von Geweben aus Flachsfasern ist wohl schon älter als die Anwendung als Nahrungs- und Heilmittel. Trotzdem wurden Leinsamen schon sehr früh als Mittel gegen Stuhlträgheit, Gallen- und Nierensteine, gegen Entzündungen und Schmerzen eingesetzt.

Echter Lein (Linum usitatissimum)

Für den innerlichen Gebrauch wird Leinsamen frisch gemahlen oder ganz in Wasser eingeweicht und danach erwärmt. So quillt der Samen auf und die vielen Schleimstoffe können ihre Heilwirkung unmittelbar nach der Einnahme zeigen. Die gleiche Vorgehensweise wird für den äußerlichen Gebrauch als Breiumschlag bei Hautentzündungen und Geschwüren angewandt. Lein entwickelt im Sommer schöne hellblaue Blüten und lässt sich leicht aussäen.

Matricaria recutita – Echte Kamille

Entzündungshemmend, krampflösend und wundheilungsfördernd sind die heutzutage klar nachgewiesenen Haupteigenschaften der Kamille. In der Volksheilkunde wurde sie schon immer als Allheilmittel eingesetzt und im alten Ägypten wurde sie sogar als Blume des Sonnengottes verehrt. Sie galt als eine der wichtigsten Heilpflanzen für die Krankheiten des Wochenbetts und zur Behandlung von Säuglingen und Kleinkindern. Kamillenbäder, Kamillenöl, Kamillentinktur und -shampoo sind auch heute noch sehr gebräuchliche Pflegeprodukte.

Auch der gute alte Kamillentee wird heute noch häufig getrunken. Manchmal jedoch leider zu häufig, denn über längere Zeit getrunken und in höheren Dosen ist auch die Kamille nicht ohne Nebenwirkungen. Durch ihre austrocknenden Inhaltsstoffe können Magen-Schleimhautentzündungen und eine Verschlechterung des Allgemeinbefindens auftreten. Ich möchte Sie daher auch vor einer Anwendung bei Bindehautentzündungen ausdrücklich warnen.

Am Beispiel der Kamille kann ich Ihnen auch einmal den Preisunterschied von Apothekenkamille und Supermarktkamille erklären.

Wenn Sie Kamillentee in der Apotheke kaufen, werden es immer nur die Kamillenblüten sein. Diese Kamillenblüten müssen

jedoch, bevor sie an den Endverbraucher abgegeben werden dürfen, eine sehr strenge Prüfung nach den Vorschriften des deutschen bzw. des europäischen Arzneibuches über sich ergehen lassen. Damit dieser Tee seine Heilwirkung entfalten kann, muss ein ganz besonderer Wirkstoffgehalt nachgewiesen werden. Diese Untersuchungen werden in einem pharmazeutischen Labor durchgeführt und kosten Geld. Entspricht der gelieferte Kamillentee nicht den Anforderungen der Arzneibücher, darf er nicht verkauft werden und muss unter Umständen vernichtet werden. Sie sehen, die hohen Qualitätsanforderungen haben eben ihren Preis.
Aber wie sieht es mit dem Kamillentee aus dem Supermarkt aus? Dieser Kamillentee muss nicht nur aus den Blüten bestehen, sondern kann durchaus mit Blättern und Stielen vermischt sein. Die Hauptsache ist, es handelt sich überhaupt um Kamillen. Ein Wirkstoffgehalt nach Apothekenrichtlinien muss nicht nachgewiesen werden, denn er ist ja nicht für Heilzwecke gedacht. Infolgedessen fallen auch die aufwendigen Untersuchungen in einem Labor und die damit verbunden Kosten nicht an. Kamillentee aus dem Selbstbedienungsregal muss nur nach Kamille schmecken. Ich glaube jetzt verstehen Sie den Preisunterschied.

Melissa officinalis – Zitronenmelisse

Die Zitronenmelisse, eine der meist geschätzten Heilkräuter in den Klostergärten des Mittelalters, nimmt bis auf den heutigen Tag einen wichtigen Platz in unserem Heilpflanzensortiment ein. Sie wirkt nach wie vor nervenberuhigend, krampflösend, aufheiternd und einschlaffördernd.
Der Zitronenduft und -geschmack ihrer Blätter macht sie auch als Würzpflanze interessant.
Melissenblätter können frisch als Tee, Salatwürze oder als Kräuterbad verwendet werden. Sie passt jedoch ebenso zu Tomaten, Quark, Fruchtdesserts und Kräutersoßen. Ich werde immer wieder darauf angesprochen, dass die Melisse sich wie Unkraut im Garten vermehrt und man dann nicht mehr weiß, wohin damit. Mein Rat lautet dann: Entspannende Melissenbäder nehmen. Ein Großteil der Melissenernte kann eingefroren werden, damit wir auch im Winter nicht auf die beruhigende Wirkung eines Melissentees verzichten müssen.

Zitronenmelisse
(Melissa officinalis)

Echte Pfefferminze
(Mentha x piperita)

Mentha – Minzen

Es würde glatt den Rahmen dieses Buches sprengen, wenn ich detailliert auf die vielen Minzearten und deren Verwendung eingehen würde. Deshalb möchte ich die wohl bekannteste Vertreterin dieser Familie, nämlich die Pfefferminze, näher beschreiben. Sie wird als heilkräftige Edelminze nur als Kulturpflanze angebaut. Ihre Eltern sind übrigens die Krauseminze und die Bachminze.

Die Pfefferminze ist reich an ätherischen Ölen, die vor allem Menthol und Menthon enthalten. Das Menthol ist auch für das schwache Kältegefühl bei der Anwendung von Pfefferminze verantwortlich. Es entsteht durch die leicht betäubende Wirkung dieses Inhaltsstoffes auf Haut und Schleimhaut. Pfefferminztee wird bei allen Irritationen des Magen-Darmbereichs, wie Übelkeit, Blähungen und Krämpfen, empfohlen. Es gibt auch eine ganze Reihe von Süßwaren und Pflegemitteln, die mit dem erfrischenden Pfefferminzöl hergestellt werden. Bei dem Anbau im Garten sollte man auf die rasante Ausweitung der Pflanzen durch Ausläufer achten und, wenn es notwendig ist, ordnend eingreifen. Dieser Tipp gilt übrigens für alle Minzearten.

Alle Minzen haben mehr oder weniger dieselben Eigenschaften und können daher in gleicher Weise genutzt werden. Menthe war übrigens eine Nymphe, die von einer eifersüchtigen Göttin in eine Pflanze verwandelt wurde. Die Verwendung von Minzen ist bereits seit Jahrtausenden bekannt. Früher wurden sie häufig wegen ihrer antiseptischen Eigenschaften als „Desinfektionsmittel“ für Geschirr und Bad benutzt. Später bereitete man dann leckere Soßen daraus zu, die gleichzeitig verdauungsfördernd wirkten. Frischer Atem war auch bereits in der Antike angesagt, sodass die Minzen auch zu diesem Zweck benutzt wurden.

Zumindest wirkt ein Tee aus Minze auch nervenberuhigend und schafft Ruhe im Bauch.

Ungeziefer wie Ratten, Mäuse und Ameisen können Pfefferminzgeruch nicht ausstehen. Dies wusste man bereits im Mittelalter und man schützte daher Käse und

Indianernessel
(Monarda didyma)

Neben der Echten Katzenminze (Nepeta cataria)*, die weiß/rosa blüht, gibt es auch noch andere Arten, wie z. B. hier eine blau-violett blühende Art* (Nepeta mussinii).

Getreide mit Minze, auch bestreute man den Boden damit, um die Wohnung ungezieferfrei zu halten. Das wäre auch heute noch ein möglicher Einsatz von Pfefferminze, wobei der Duft für uns durchaus angenehm erfrischend wirkt.
Jetzt möchte ich Ihnen noch einige verschiedene Minzearten nennen: Krauseminze, Ingwerminze, rote Minze, rundblättrige Minze (auch als Ananasminze im Handel), grüne Minze (sehr intensiv!), Kölnisch-Wasser-Minze, Wasserminze, Poleiminze (giftig!), Rossminze (gibt Bauchweh!) und Apfelminze, auch eine Zuchtform der rundblättrigen Minze.

Monarda didyma – Indianernessel

Die Indianernessel kam tatsächlich aus der Neuen Welt zu uns aufs europäische Festland. Sie wächst in Nordamerika, in nährstoffreichen Wäldern, an Wegrändern und Flussufern. Bei uns ist sie jedoch eher als Schmuckstaude denn als Tee bekannt. Das ist schade, denn die frische nach Zitrone schmeckenden Blätter sind ein hervorragender Sommertee, der auch kalt mit einer Scheibe Zitrone getrunken werden kann.
Aber auch eine Trocknung ist möglich, wobei ich hier den feuerroten Blüten, die wie Federbüsche aussehen, mehr abgewinnen kann. Die Monarde, auch Goldmelisse oder Oswegotee genannt, bekommt man in gut sortiertem Staudensortiment. Es gibt jedoch auch zahlreiche Zuchtformen, die als Heil- und Würzpflanzen jedoch wertlos sind. Dem Oswegotee wird eine verdauungsfördernde Wirkung nachgesagt.

Nepeta cataria – Katzenminze

Wenn Sie Ihre Katze lieben, pflanzen Sie Katzenminze in Ihren Garten. Sie können ihr außer mit Baldrian keinen größeren Gefallen tun. Diese Pflanze wirkt durch ihren Duft offensichtlich wie ein Aphrodisiakum auf die Stubentiger. Aber auch wir Menschen können diese Pflanze sehr gut gebrauchen, sei es als Potpourri, Tee oder Gewürz.
Die echte Katzenminze wird bereits seit Jahrhunderten als Heilpflanze genutzt. Man setzt sie sowohl gegen Fieber als auch gegen Erkältungen, Nervosität, Schlaflosigkeit, zur Linderung bei Koliken, Rastlosigkeit, Schmerzen und Blähungen ein. Besonders bei nervösen Kopfschmerzen und Menstruationsstörungen hat sich diese Heilpflanze bewährt. Außerdem ist die Katzenminze bei Bienen sehr beliebt, sodass wir sie auch als Lockpflanze einsetzen können.

Majoran
(Origanum majorana)

Ocimum basilicum – Basilikum

„Das Kraut bewegt zu ehelichen Werken" ... So beschrieb Tabernaemontanus das Basilikum. Vielleicht gehört es deshalb zu den beliebtesten Sommerkräutern, seit wir die italienische Küche entdeckt haben. Zumindest lässt dieses Kraut, das schon sehr früh über den mittleren Orient in die Mittelmeerländer gelangte, bei uns Urlaubsstimmung aufkommen. Sein intensiv würziges Aroma passt hervorragend zu Tomaten, Käse, Paprika, Auberginen, Salaten, Kräuterbutter, Kräutersoßen, Schalentieren und was die Urlaubsküche sonst noch so an Spezialitäten zu bieten hat.

Origanum majorana – Majoran

Um alle Zweifel auszuräumen, hier haben wir es mit dem einjährigen Würzkraut zu tun. Majoran wird im März auf der Fensterbank vorgezogen und ab Mai ausgepflanzt. Das Beet sollte vorher gut mit Kompost verbessert werden. Suchen Sie für dieses Würzkraut eine warme und sonnige Ecke in Ihrem Kräutergarten aus, denn nur dort kann es sich richtig entfalten. Der Majorangeschmack ist einzigartig, obwohl er etwas an Thymian erinnert. Frische Triebspitzen kann man jederzeit ernten.

Basilikum
(Ocimum basilicum)

Für den Trockenvorrat sollten Sie aber das Kraut vor der Blüte ernten. Dies geschieht am besten büschelweise, sodass nach erfolgter Trocknung die Blätter leicht abgestreift werden können. Majoran macht als Würzkraut Geflügel, Schweinebraten, Hackfleisch, Kartoffelgerichte, Eintöpfe und Aufläufe wesentlich besser verdaulich. Auch Tomatengerichten verleiht er eine besondere Würze.

Origanum vulgare – Oregano

Hier haben wir es mit Dost, Oregano oder wildem Majoran zu tun. Es handelt sich um eine ausdauernde Staude, die an warmen und trockenen Standorten auch wild vorkommt. Ich habe mir meinen Kräutergartenoregano aus den Weinbergen rund um Sternenfels geholt. Der Oregano unserer Breiten schmeckt in frischem Zustand eher minzig, sodass er häufig auch mit solchen verwechselt wird. Das typische Gewürzaroma entsteht erst während des Trocknens. Die Ernte fällt in die Monate Juli bis September, wenn das Kraut in voller Blüte steht und die Stängel bereits verholzt sind. Ich trockne ihn büschelweise

und streife anschließend die Blüten und Blätter ab.
Oregano kann nicht nur als Gewürz, sondern auch als Hustentee oder bei Erkrankungen des Magen-Darm-Bereiches seine Wirkung entfalten. Für ein „Erkältungsbad" nimmt man 100 g getrocknetes Kraut, das mit 1 l kochendem Wasser überbrüht und nach 15 Minuten abgesiebt wird. Diesen Auszug setzt man dem Badewasser zu.

Petroselinum crispum – Petersilie

Ich glaube, Petersilie ist das einzige „Grünzeug", das wirklich jeder kennt, und das immerhin schon seit dem 16. Jahrhundert. Dieses Würzkraut, das sich als Dekoration auf allen Tellern und auf jeder Buffetplatte der Welt befindet, enthält ätherische Öle, Mineralstoffe und sehr viel Vitamin C, aber auch das giftige Apiol. Aufgrund dieser Tatsache ist die Petersilie wirklich nur als niedrig dosiertes Würzkraut und nicht als Heilpflanze zu empfehlen. In geringen Mengen genossen wirkt sie wassertreibend.

Petersilie (Petroselinum crispum)

Früher hießen die Gassen rund um die Bordelle in Paris „Petersiliengassen". Das giftige Apiol wurde nämlich in Form von Petersiliensamen als Abtreibungsmittel benutzt. Dieser Samen hat auch so seine Tücken bei der Aussaat im Garten.
Wenn Sie die aromatische Petersilie im Garten anbauen wollen, müssen Sie bis zu sechs Wochen auf die ersten grünen Blättchen warten, denn der Petersiliensamen wandert in dieser Zeit siebenmal zum Teufel und wieder zurück. Die lange Keimzeit lässt sich auch durch eine Aussaat am Karfreitag nicht verkürzen, aber vielleicht wird die Petersilie dann besser.
Ich werde immer wieder darauf angesprochen, dass es mit der Kultur von Petersilie häufig Schwierigkeiten gibt. Bei den Einen geht der Samen dieser Pflanze überhaupt nicht auf und bei den Anderen wird die Petersilie gelb und welk. Ich habe auch selbst diese Erfahrung gemacht und bin deshalb dazu übergegangen, vorkultivierte Petersilie aus dem Kräutersortiment in separaten Pflanzgefäßen zu ziehen. Die Blumenerde vermische ich mit etwas Maulwurfhügelerde, sodass sie lockerer wird. Bei der Auswahl der Pflanzen sollten Sie der glatten Petersilie den Vorzug geben. Sie ist wesentlich aromatischer.

Oregano, Dost (Origanum vulgare)

Anis
(Pimpinella anisum)

Pimpinella anisum – Anis

Auch der Anis kam als Gewürzkraut über die Alpen und war bereits im Mittelalter als Heil- und Gewürzkraut bekannt. Der typische süßwürzige Anisduft und -geschmack ist jedoch nicht jedermanns Sache. Ich gehöre auch zu den Anisgegnern, aber wegen seiner Heilkraft bei Husten, Blähungen, Krämpfen und Appetitlosigkeit wird er auch von mir in vielen Teemischungen verarbeitet. Ich habe eher Probleme bei der alkoholischen Zubereitung der französischen und griechischen Küche. Aber hier kann ich ja dankend ablehnen.

Auch Anisbrote und Gebäck sind nicht mein Fall, obwohl hier sehr gerne mit Anis gewürzt wird. Ein warmer sonniger Platz im Kräutergarten ist für die Direktaussaat Ende März oder Anfang April am geeignetsten. Geerntet wird, wenn sich die Hauptdolden bräunlich färben. Anissamen sollten, wie Kümmel und Fenchel, vor dem Gebrauch als Tee oder Gewürz kurz angestoßen werden.

Plantago lanceolata – Spitzwegerich

Der Spitzwegerich gehört zu jenen heilkräftigen Wildbegleitkräutern, die sich im Kräutergarten meist von selbst einfinden. Er gehört zu den häufigsten Pflanzen in meinem großen Kräutergarten und ich weiß nicht mehr, wie viel ich davon schon ausgezupft habe. Im Frühling wandern die Blätter in den Suppentopf und ab Mai bis September kann man sie zum Trocknen ernten. Der Spitzwegerich hilft sehr gut bei einem festsitzenden Husten. Spitzwegerichsaft wäre für die Blutreinigungskur im Frühjahr geeignet und das zerquetschte frische Kraut wird, wie schon erwähnt, bei Verletzungen und Insektenstichen aufgelegt. Es geht die Sage, dass sich bei längerem Genuss von Spitzwegerichtee oder -essenz ein Widerwille gegen Tabak entwickelt und man sich so das Rauchen abgewöhnen könnte. Aber wie gesagt, eine Sage!

Portulaca oleracea – Portulak

Hier haben wir es mit einem uralten aber weitgehend unbekannten Küchenkraut zu tun. Es hört auch auf den Namen Bürzel- oder Purzelkraut und Posteleien. Dieses vitaminreiche und blutreinigende Kraut schmeckt etwas salzig-säuerlich, aber angenehm frisch. Ich mische die Blätter gerne mit Feldsalat, Kresse und Radieschen. Portulak gehört allerdings zu den feuchtigkeits- und kompostliebenden Kräutern, sodass er häufig gegossen werden muss.

Das Purzelkraut kann dann bereits nach drei bis vier Wochen zum ersten Mal geerntet werden. Tabernaemontanus empfiehlt das Purzelkraut für alle, die mit dem „Sod im Magen geplaget werden“ und „der Safft im Mund gehalten machet die wackelhafftigen Zähn wiederum feststehen“.

Potentilla anserina – Gänsefingerkraut

Die starken medizinischen Eigenschaften dieser Pflanze werden mit dem Wortstamm „Potenz“ = „kraftvoll“ gewürdigt. „Anser“ = die „Gans“ lässt die Vorliebe dieser Vögel für dieses Kraut erkennen. Das

Gänsefingerkraut hat adstringierende, entzündungshemmende und beruhigende Eigenschaften. Dies macht es zu einem wichtigen Heilkraut bei Stuhlzwang, das ist der vornehme alte Name für Durchfall, und Blutungen. Äußerlich wird das Gänsefingerkraut bei Entzündungen, Zahnschmerzen und Hämorrhoiden sowie als kosmetische Zubereitung zur Linderung bei geröteter Haut, Flecken und Pickeln benutzt. Die Blätter und Blüten werden im Sommer geerntet und rasch und schonend getrocknet.

Primula elatior, Primula veris – Schlüsselblume

Himmelsschlüssel gibt es für uns in zweifacher Ausführung. Erstens die Wiesenschlüsselblume = *Primula veris* und zweitens die hohe Schlüsselblume = *Primula elatior*. Die erste wächst wie der Name schon sagt auf trockenen Wiesen und sonnigen Böschungen, die zweite bevorzugt eher das feuchte Element in Auwäldern und krautreichen Laubwäldern. Beide können jedoch ohne Probleme im Garten angesiedelt werden, wenn man ihre Vorlieben berücksichtigt. Das wäre sowieso sinnvoll, wenn Sie die Schlüsselblume als Hustentee gegen festsitzenden Husten in größeren Mengen brauchen. Denn sie ist in der freien Natur weitgehend geschützt. Man kann sowohl die Blätter als auch die Wurzel verwenden. Die Blätter kommen in die Frühlingskräutersuppe und so mancher schwache Wein bekam erst mit Schlüsselblumenblüten die richtige „Blume“. Und hier noch ein Tipp für heiratslustige Weiblein: Wenn Sie in der Karwoche eine blühende Schlüsselblume finden, heiraten Sie noch im selben Jahr den, den Sie lieb haben.

Hohe Schlüsselblume (Primula elatior)

Pulmonaria officinalis – Echtes Lungenkraut

Der Name Lungenkraut geht wahrscheinlich auf die Signaturenlehre zurück. Die frühe Lehre um die Wirksamkeit der Heilpflanzen beurteilt eine Pflanze nach ihrem Erscheinungsbild. Sie wurden dann den Organen zugeordnet, denen sie am ähnlichsten waren. So geschah es auch mit dem Lungenkraut. Die hell gefleckten Blätter dieser Pflanze sollten eine Ähnlichkeit mit der Lunge darstellen. Aus diesem Grund wurde daraus ein Tee gegen Heiser-

Spitzwegereich (Plantago lanceolata)

Rosmarin (Rosmarinus officinalis)

keit, Bronchitis, Asthma und Blutspeien gewonnen.

Die heute nachgewiesenen Inhaltsstoffe wie Schleimstoffe, Saponine, Gerbstoffe, Mineralstoffe und Alantoine geben unseren Urvätern Recht. Das Lungenkraut wird in der Volksmedizin auch heute noch eingesetzt. Für den Garten stellt es außerdem eine schöne Schmuckstaude dar, die aber gerne in Wassernähe gepflanzt werden möchte.

Rosa gallica – Essigrose

Die ersten Abbildungen dieser Wildrosenart finden sich auf Sumerischen Tontafeln aus der Zeit um 2800 v. Chr. Sie ist höchstwahrscheinlich die Urgroßmutter unserer heutigen Zuchtrosen. Über Handelswege gelangte sie aus dem Orient nach Mitteleuropa, wo sie bereits den alten Römern zu Dienste stand, die richtige Rosenfeste feierten. Für Rosenblütentee, Rosensirup, Rosenlikör, Rosenzucker und im Herbst die leckeren Zubereitungen aus den dicken Hagebutten reichen drei oder vier Essigrosenstauden. Für einen klaren Blick sollten Sie die Rosenblütenblätter bei Tagesanbruch pflücken und Sie über die Augen legen. Das meint jedenfalls Hildegard von Bingen.

Rosmarinus officinalis – Rosmarin

Ros-marinus = „Seetau“ ist der Name für ein Kraut, das wegen seinen aromatisch duftenden, grünen Nadeln und den wunderschönen blauen Blüten zu meinen Lieblingskräutern gehört. Rosmarin war schon zu alten Zeiten das Symbol für Liebe und Treue und sollte böse Geister abwehren. Sein Duft sollte ein Stärkungsmittel für das Gehirn und das Gedächtnis sein. Die meisten Zeitgenossen kennen den Rosmarin in erster Linie als Gewürz für Fleisch-, Kartoffel-, Fisch- und Gemüsegerichte, wo er sehr gerne mit Knoblauch und Wein Verwendung findet.

Das so genannte „Ungarische Wasser“, das die ungarische Königin Isabella im 14. Jahrhundert kreierte, soll nicht nur gegen Rheuma, Kreislaufstörungen, Verdauungsbeschwerden, krampflösend und harntreibend wirken, nein, es soll seinem Benutzer auch noch die Jugend zurückgeben. Vielleicht ist es tatsächlich einmal einen Versuch wert.

Garten-, Wiesen-Sauerampfer (Rumex acetosa)

Rumex acetosa – Wiesensauerampfer
„Sauer macht lustig“ lautet ein alter Spruch. Also begeben Sie sich bei Trübsal einfach auf die nächste feuchte Wiese, kauen dort einige Blätter Sauerampfer und schon geht es Ihnen wieder besser. Das kann durchaus sein, denn diesem alten Heilkraut werden blutreinigende und stärkende Kräfte nachgesagt.
In der Küche wird der Sauerampfer bereits seit der Antike als Gemüse-, Suppen- und Salatpflanze verwendet. Aufgrund seines hohen Oxalsäuregehaltes sollte dieses Kraut aber nicht in größeren Mengen verzehrt werden. Man erntet immer nur die jungen Blätter. In der Zwischenzeit gibt es auch Sauerampferzuchtformen für den Garten. Die Blätter von diesen Sorten sind wesentlich größer, aber das volle Wildsauerampferaroma können sie bei weitem nicht bieten.

Essigrose
(Rosa gallica)

Echtes Lungenkraut
(Pulmonaria officinalis

Weinraute
(Ruta graveolens)

Ruta graveolens – Weinraute

Wenn Sie auf „bitter" stehen, ist die Weinraute neben Wermut Ihr Spezialgewächs. Sie zählt übrigens zu den vergessenen Heilpflanzen. Im Altertum und Mittelalter war sie auch eine wichtige Zauberpflanze, denn sie schützte vor den Nachstellungen des Teufels. Besonders dann, wenn schon eine Begegnung der unerlaubten Art stattgefunden hatte und man dringend ein Abortivum brauchte. Auch die antiaphrodisierende Wirkung dieses Bitterkrautes wird schon von Hildegard beschrieben. Einzelne Blättchen können schwer verdaulichen Speisen zugesetzt werden, um diese verträglicher zu gestalten. Eine sparsame Dosierung ist empfehlenswert, da die Weinraute extrem bitter ist. Ein alkoholischer Weinrautenauszug kann als Aperitif oder Digestif die bösen Geister im Bauch vertreiben. Als Gartenstaude hat die Weinraute mit ihren bläulich grünen Blättern und den gelben Blüten durchaus auch Zierwert.

Gartensalbei
(Salvia officinalis)

Salvia officinalis – Gartensalbei

Ein so hoch gepriesenes Kraut wie der Gartensalbei verfügt natürlich nicht nur über einen Namen. Götterspeise, Altweiberschmecken, Zahnblätter, Heilsalber und Scharlachkraut lassen auf die ganze Bandbreite des Einsatzes dieser Heilpflanze schließen.

Salbeitee trinkt man bei Halsentzündungen, nächtlichen Schweißausbrüchen, Kreislaufschwäche und unerfülltem Kinderwunsch. Durch seine allgemein kräftigenden und antiseptischen Eigenschaften eignet er sich ebenfalls bei Zahnfleischbluten. Salbei passt als Gewürz zu Fleisch, Suppen, Käse, und Fisch. Eine Salbeibutter aus frischen Blättern verfeinert so manches Pfannengericht.

Die Römer hielten den Salbei für ein heiliges Kraut, das in der Lage war, Leben zu retten und auch zu schaffen. Sterile Frauen mussten vier Tage lang Salbeisaft trinken und dem Manne fern bleiben, danach sollte es „klappen". Von einer Kundin weiß ich, dass Salbei bis auf den heutigen Tag in den slawischen Ländern zu solchen Zwecken verwendet wird.

Wenn Sie Ihre Salbeistaude das nächste mal besuchen, sollten Sie unbedingt auf ihre Wuchsform achten. Es geht nämlich die Sage, dass in Familien mit einem üppi-

gen Salbeistock das Geld nie ausgehen würde.
Neben dem allseits bekannten Gartensalbei gibt es in der Zwischenzeit auch viele Zuchtformen, die sich aufgrund ihres Aromas auch unterschiedlich einsetzen lassen. Sie haben die Wahl zwischen: dreifarbigem Salbei, Goldsalbei, Purpursalbei, spanischem Salbei, Ananassalbei, Klebsalbei, Quirlsalbei und anderen.
Goldsalbei und Purpursalbei können ähnlich wie der Gartensalbei verwendet werden. Sie schmecken jedoch etwas bitterer. Spanischer Salbei, Klebsalbei und Quirlsalbei eignen sich lediglich für das Schmuckstaudenbeet. Die Blätter von Ananassalbei

ergeben einen erfrischenden, nach Ananas schmeckenden Sommertee.

Salvia sclarea – Muskateller-Salbei

Eine imposante Staude aus der Salbeifamilie ist der Muskateller-Salbei. Er erinnert nur durch seinen Blütenstand an diese Familienverhältnisse. Ansonsten wächst er zu einer stattlichen Größe von über einem Meter heran. Der Geruch wird als kräftig, warm und aromatisch, eben nach Muskateller beschrieben, und man hat sich früher nicht gescheut, mit dieser Pflanze so manchen flachen Rheinwein zu Muskatellergeschmack zu verhelfen. Heute wird in erster Linie das ätherische Öl für kosmetische und aromatherapeutische Zwecke gewonnen. Die Blätter ergeben eine gute Würze für Kräuteressige und Wildgerichte. Solch einer attraktiven und imposanten Staude gebührt ein Ehrenplatz im Kräutergarten.

Muskatellersalbei
(Salvia sclarea)

Sanguisorba minor – Pimpinelle

Was wären meine Wintersalate und kalten grünen Soßen ohne Pimpinelle! Der kleine Wiesenknopf mit seinem leicht bitteren, aber unnachahmlich frischen Gurkenaroma wächst gerne auf kalkhaltigen und trockenen Böden.
Ich habe mir zwei Pflanzen aus dem Muschelkalkabbrüchen hinter meinem Haus in den Kräutergarten gepflanzt, wo sie bereitwillig weiterwachsen. Die frischen Blättchen dieser Pflanze sind das ganze Jahr über zu ernten, selbst in den Wintermonaten, sodass sich ein Trocknen oder Einfrieren nicht lohnt. Früher wurde das Kraut auch als Heilmittel mit blutstillender, antiseptischer und adstringierender Wirkung eingesetzt.

Pimpinelle
(Sanguisaorba minor)

Heiligenkraut
(Santolina chamaecyparissus)

Santolina chamaecyparissus – Heiligenkraut

Das Heiligenkraut eignet sich mit seinen feinen, silbrigen Blättchen hervorragend als Einfasspflanze für Staudenbeete. Die bei uns erst langsam bekannt werdende Staude lässt sich bereitwillig in Form schneiden.

Das geht allerdings auf Kosten der goldgelben Blütenköpfchen, die sonst im Sommer erscheinen würden und sich sehr gut trocknen lassen. Die ganze Pflanze riecht sehr würzig aromatisch, ähnlich wie Chrysanthemen, und ist dafür bekannt, dass sie Insekten vertreibt. Ich empfehle sie daher als Inhalt für Mottensäckchen, da der viel gerühmte Lavendel diese Funktion nicht mehr erfüllt. Früher wurde es auch zum Austreiben von Eingeweidewürmern benutzt. Davon sollte man aber unbedingt Abstand nehmen, da es heute unschädlichere Mittel gibt.

Bohnenkraut
(Satureja hortensis)

Satureja hortensis – Bohnenkraut

Auch hier haben wir es wieder mit zwei Vertretern aus dieser Familie zu tun. Das Bergbohnenkraut, auch Winterbohnenkraut genannt, ist ein ausdauernder Kleinstrauch, dem es besonders im Steingarten gefällt. Das einjährige Sommerbohnenkraut ist häufig in den Kräuter- und Gemüsebeeten zu finden und sät sich dort von selbst aus. Ich liebe den bohnigen, leicht pfeffrigen Geruch und Geschmack dieses Krautes.

Seine verdauungsfördernde und blähungstreibende Wirkung kommt nicht nur bei Bohnengerichten gelegen, sondern auch bei so manchem anderen deftigen Rezept. Bohnenkraut ergänzt sich auch sehr gut mit Oregano, Basilikum, Rosmarin und Thymian. Es kann frisch oder getrocknet verwendet werden. Bei nachlassenden sexuellen Gelüsten sollten Sie nicht zu sparsam mit diesem Kraut umgehen.

Solidago virgaurea – Gewöhnliche Goldrute

Das Thema „Goldrute" ist häufig der Grund für Verwechslungen. Bei uns gibt es nämlich zwei Vertreterinnen dieser Gattung. Dazu wäre zunächst die Echte = Gewöhnliche Goldrute zu nennen, die bevorzugt auf Kahlschlägen, an Waldrändern und in lichten Wäldern und Heiden wächst. Die zweite Goldrute, sie heißt kanadische Goldrute, wächst ebenfalls auf Brachland, am Waldrand und in der Nähe von Schuttplätzen, aber auch in so manchem Staudengarten. Sie wurde aus Nordamerika bei uns eingeschleppt und hat sich aufgrund optimaler Bedingungen hier überall breit gemacht. Zu Heilzwecken wird jedoch nur unsere alte europäische Goldrute herangezogen. Sie

Gewöhnliche Goldrute (Solidago virgaurea)

wird schon seit dem Mittelalter als harntreibendes und entzündungshemmendes Mittel eingesetzt.
Goldrutentee wird in der Volksmedizin bei chronischen Nierenleiden, Nieren- und Blasensteinen, Harnverhalten, bei Gicht, Rheumatismus und Hautkrankheiten eingesetzt. Ich verwende die Echte Goldrute als Hauptwirkstoff in meiner Blasen- und Nierenteemischung. Man erntet das blühende Kraut der Gewöhnlichen Goldrute von Juli bis September.

Symphytum officinale – Beinwell

Dieses Kraut weist bereits mit seinem Namen auf seine Verwendung hin. Beinwell oder Beinwohl bedeutet, dass durch die Anwendung dieses Heilkrautes Knochenbrüche, Wunden, Schwellungen, Verstauchungen und Quetschungen schnell und gut verheilen.
Bereits die mittelalterlichen Kräuterbücher empfehlen die zerstoßene Wurzel und die gehackten Blätter für Wunden und Knochenbrüche. Heute weiß man, dass die Inhaltsstoffe Alantoin und Cholin zu einer Verflüssigung der Wundsekrete und zur Vermehrung der roten Blutkörperchen führen. Das bedeutet, dass es zu einer besseren und schnelleren Neubildung von Gewebe kommt.
Beinwell wächst an Gräben, Bachufern und feuchten Wiesen. Bei einem Anbau im Garten sollte man berücksichtigen, dass sich die Pflanze rasch ausbreitet und bis zu 1,5 m hoch werden kann.
Zudem bildet sie riesige Blätterhorste, die allen anderen Pflanzennachbarn den Garaus machen. Diese enorme Blattmasse wird nach Rückschnitt bis zu viermal im Jahr neu gebildet. Beinwellblätter eignen sich daher hervorragend als Mulchmaterial und durch ihren hohen Mineralstoffgehalt als Kompostverbesserer.
Aus frisch zerkleinerten Blättern und Wurzeln können in Verbindung mit einer Salbengrundlage Wundpasten hergestellt werden. Sie sind jedoch maximal zwei bis drei Tage im Kühlschrank haltbar. Die jungen Blätter können auch in der Küche als Gemüse Verwendung finden, wobei man durch die nachgewiesenen krebserzeugenden Eigenschaften eine Dosierung eher gering halten sollte.

Beinwell (Symphytum officinale)

Taraxacum officinale – Löwenzahn

Wer kennt sie nicht, unsere allseits gegenwärtige Kuhblume. Es gibt fast keine Stelle, an der sie uns im Frühjahr nicht mit ihren goldgelben Blütenköpfchen beehrt. Der Löwenzahn gehört zu den wenigen Pflanzen, von welchen sowohl die Blüte und die Blätter als auch die Wurzel zu Heilzwecken dienen. Zu seinen Inhaltsstoffen gehören Bitterstoffe, Gerbstoffe, Cholin, Inulin, Vitamin C und Spurenelemente. Leber- und Galleleiden, Gelbsucht, Wassersucht und zur Blutreinigung waren schon immer die Einsatzgebiete dieses Wildbegleitkrautes, das leider häufig mit Verachtung gestraft wird. Besonders dann, wenn es an unerwünschten Stellen im Garten oder im Rasen erscheint.

Ich empfehle jedoch, den Löwenzahn nicht ganz so negativ zu sehen und ihn sich daher lieber als leckeren Wildsalat oder Wildspinat schmecken zu lassen. Durch längeres Wässern wird der leicht bittere Geschmack gemildert. Die Blütenköpfchen kann man mit Weißwein ansetzen und bekommt auf diese Art einen hervorragend schmeckenden und wirkungsvollen Aperitif und in Honig eingelegt einen leckeren Brotaufstrich. Darüber hinaus hat der Löwenzahn auch eine stark harntreibende Wirkung, was ihm die weniger schmeichelhaften Bezeichnungen wie Bettpisser, Pissblom und Seichblümle einbrachten. Auch hier sollten wir allerdings an den gesundheitlichen Nutzen dieses Vorganges denken.

Löwenzahn (Taraxacum officinale)

Thymus pulegioides – Quendel

Der Gewöhnliche Thymian, wie der Quendel auch genannt wird, war unseren Großmüttern noch gut bekannt. Man fand ihn an warmen, sonnigen Böschungen, an Mauern und Wegrändern. Heute findet man ihn nur noch auf den Almwiesen der Alpen häufiger. Die Inhaltsstoffe des Gewöhnlichen Thymians sind ähnlich denen des Echten Thymians, wobei ich bei ihm die ausgeprägt krampflösende, allgemein kräftigende und nervenstärkende Wirkung schätze und ihn deshalb für die innerliche Anwendung als Tee und die äußerliche in Form von Bädern verwende. Der Quendel kann auch als Würzkraut für mediterrane Gerichte verwendet werden. Dies sollte allerdings sparsam geschehen, da er etwas bitterer als der Gartenthymian schmeckt.

Dieses kleine Sträuchlein Mittel- und Nordeuropas wird heute häufig im Kräuterstaudensortiment angeboten, aber viele Hobbygärtner wissen nicht so recht, was man damit anfangen soll. Ich empfehle ihn als duftenden Rasen zu pflanzen, da er sich gut betreten lässt. Allerdings sollte er nicht wie ein normaler Grasrasen beansprucht werden.

Die Anwendung als Badezusatz war schon bei den Römern bekannt. Da der Quendel, wie alle Thymianarten, eine sehr stark antiseptische Wirkung besitzt, wurde er von den Ägyptern bereits als Zutat für ihre Einbalsamierungsöle verwendet.

Quendel ist das Kraut für die Herstellung von Parfüms, Likören, Mundwässern, Gurgelmitteln, Zahnpasten und Seifen.

Quendel (Thymus pulegioides)

Thymus vulgaris – Echter Thymian

Der wesentlich bekanntere Bruder des Quendels ist der Echte oder Gartenthymian. Bei diesem Kraut handelt es sich, wie so oft, sowohl um eine wichtige Heilpflanze, als auch um ein beliebtes Gewürz. Als Tee gehört er zu den wichtigsten natürlichen Desinfektionsmitteln für unseren Körper und das sowohl innerlich wie auch äußerlich. Gesüßter Thymiantee ist ein sehr wirksames krampflösendes Hustenmittel, und ungesüßt leistet er gute Dienste bei Magen- und Darmkrämpfen.

Durch Thymiantee kann nach meinen Erfahrungen auch eine Darmpilzerkrankung positiv beeinflusst werden.

Schwangere sollten jedoch mit Thymian vorsichtig umgehen, da eine zu hohe Dosierung abtreibend wirken kann.

Der Gattungsname von Thymian leitet sich ab von dem griechischen „thymon" = „ausräuchern", denn er wurde bereits in der Antike als „Räucherstäbchen" benutzt. Es könnte jedoch auch das griechische Wort „thymum" dahinter stecken, was wiederum „ich dufte" bedeutet. Auf jeden Fall trifft beides zu.

Thymianessenz ist in der Lage, Bazillen in ca. 40 Sekunden abzutöten, was ihn als natürliches Desinfektionsmittel auszeichnet. Regelmäßiger Genuss von Thymiantee in den Grippezeiten ist demnach eine hervorragende Möglichkeit der Vorbeugung auf natürlicher Basis.

Eine besondere Zuchtform des Thymians ist der Zitronenthymian. Ich finde ihn immer häufiger in den Kräutersortimenten der Gärtnereien. Zitronenthymian riecht und schmeckt tatsächlich intensiv nach Zitrone, wenn er auch seine wahre Herkunft und den Thymiangeschmack nicht ganz verheimlichen kann. Zitronenthymian eignet sich sehr gut für die Teezubereitung,

Echter, Garten-Thymian (Thymus vulgaris)

wie auch als dezentes Salatkräutlein. Außerdem lassen sich mit seinen verschiedenen Schmuckformen, die gelb oder weißgeränderte Blättchen besitzen, schöne Kräuterrabatten gestalten. Zitronenthymian wird nicht sehr hoch und wächst eher in die Breite, sodass er sich für sonnige Lagen auch als Bodendecker eignet. Steht er jedoch neben hohen Stauden wie Lavendel, Salbei oder Rosmarin, kümmert er vor sich hin und verschwindet mit der Zeit ganz. Die Kultivierung in Töpfen oder Blumenkästen ist nicht ganz unproblematisch, da er in rauen Gegenden dann häufig erfriert.

Kapuzinerkresse
(Tropaeolum majus)

Tropaeolum majus – Kapuzinerkresse
Kapuzinerkresseblüten sind in den letzten Jahren als ausgefallene Dekoration für Speisen der feinen Küche in Mode gekommen, aber es gehört offensichtlich noch sehr viel Aufklärungsarbeit dazu, um sie als essbar bekannt zu machen. Das ist eigentlich schade, denn diese gelben und orangen Blüten der „Salatblume" schmecken kresseähnlich zart und süß.

Die Pflanze aus Mexiko enthält Schwefel, Vitamine und Antibiotische Substanzen. Sie wirkt allgemein kräftigend und das für manche auch auf sexuellem Gebiet. Als Medizin vom Esstisch können die Blüten und Blätter kleingeschnitten mit Salaten und Quark gemischt, auf Butterbrote gestreut und als Essig angesetzt werden. Die Kapuzinerkresse wirkt blutreinigend und aktivierend auf die körpereigene Abwehr. Sie kann als Südländerin nach den Eisheiligen im Mai ausgesät oder auf der Fensterbank vorkultiviert werden.

Die unreifen Samen kann man statt Kapern verwenden. Sie werden dazu 3 Tage in Salzlösung und dann in Essig eingelegt.

Brennnessel
(Urtica dioica)

Urtica dioica – Große Brennnessel
Die Brennnessel wächst sehr gerne auf humusreichen und feuchten Böden und dies in ganz Europa, Asien, Nordafrika und Nordamerika.

Die Ansichten über diese Pflanze sind geteilt. Der eine sieht in ihr ein lästiges Unkraut, der andere die uralte, einst hochgeachtete Heilpflanze. Mit ihren Inhaltsstoffen wie Histamin, Vitaminen, Mineralsalzen und Spurenelementen wirkt sie stoffwechselanregend, blutreinigend, entwässernd und nach meiner Erfahrung auch blutbildverbessernd. Dies ist wahrscheinlich auch auf den hohen Gehalt an Chlorophyll = grüner Farbstoff zurückzuführen, der mit unserem Hämoglobin = roter Blutfarbstoff eng verwandt ist.

Die Brennnessel dient frisch als Salat, Spinat oder Suppe sowie als Tee hervorragend zur Frühlings- und Herbstkur. Wenn Sie die Blätter gründlich waschen oder trocknen, verlieren sie ihre Brennhaare und Sie brauchen keine Komplikationen zu befürchten. Diese können aber auch auftreten, wenn Sie Brennnesseltee trinken und Ihre Nieren nicht richtig arbeiten. Brennnesseltee wirkt

Echter Baldrian
(Valeriana officinalis)

nämlich nierenreizend. Das wird häufig nicht erwähnt.

Da die Brennnessel einen hohen Vitamin- und Mineralstoffgehalt vorweisen kann, eignet sie sich hervorragend zur Nahrungsergänzung für Mensch und Tier. Die Tiere haben damit kein Problem, wohl aber die Menschen, denn der Gedanke an Brennnesselspinat, -salat und -suppe ist für viele doch sehr gewöhnungsbedürftig. Dabei schmeckt eine Brennnesselsuppe wirklich gut und als Spinat können wir sie ja immerhin noch mit anderen Wildkräutern oder Marktspinat mischen.

Wenig bekannt ist die besondere Wirkung der Brennnesselsamen auf den weiblichen Organismus. Sie besitzen nämlich hormonähnliche Inhaltsstoffe, die sich besonders bei Hormonstörungen und Wechseljahresbeschwerden bewähren.

Valeriana officinalis – Gemeiner Baldrian

Vielleicht sind Sie jetzt, nachdem Sie dieses Buch durchgelesen haben, so angeregt, dass ich Ihnen tatsächlich einen gemütlichen und beruhigenden Abendtee empfehlen sollte. Ein Hauptbestandteil darin ist der auch als Mondwurzel, Katzenkraut oder Hexenkraut bekannte Baldrian. Er wächst häufig an Waldrändern und Bachufern, aber die meisten Menschen erkennen ihn nicht. Erst wenn man ihn einmal im Staudensortiment der Gärtnereien erstanden hat, stellt man bei der Blüte fest, dass man ein eben solches Exemplar schon einmal am Wegesrand gesehen hat. Die Wurzeln des Baldrians wirken entspannend, nervenberuhigend, einschlaffördernd, Katzen anziehend und lindernd bei Angstzuständen. Die Wurzeln werden im Herbst oder Frühjahr geerntet, gesäubert und getrocknet. Der typische Duft entfaltet sich erst beim Trocknen.

Abendtee nach Art der Kräuterhexe

Dafür mischen Sie 20 g Johanniskraut, 20 g Baldrian, 20 g Melisse, 10 g Fenchel, 10 g Weißdorn, 10 g Kamille, 10 g Pfefferminzblätter und 10 g Waldmeisterkraut. Für 1 Tasse nehmen Sie 1 EL des Kräutertees und lassen ihn nach dem Überbrühen 5 min. zugedeckt ziehen.

Register

Halbfette Zahlen verweisen auf Abbildungen

KOSMOS

Altes Kräuterwissen

Rezepturen exklusiv von der Kräuterhexe

Mein Kräuterhexen-wissen
ISBN 3-440-07277-0

Liköre und Schnäpse von der Kräuterhexe

128 Seiten
200 Abbildungen
gebunden

ISBN 3-440-08877-4

Aromatische Fruchtliköre, wohltuende Kräuterschnäpse und energetische Edelstein-Elixiere – all diese heilkräftigen Getränke kann man auch zu Hause ganz leicht selbst herstellen und genießen. Gabriele Bickel, die Sternenfelser Kräuterhexe, verrät allerlei über ihre bewährten und schmackhaften Geheimrezepte.

Meine Kräuterhexen-gesundheit
ISBN 3-440-07634-2

Meine Kräuterhexen-geheimnisse

160 Seiten
250 Abbildungen
gebunden

ISBN 3-440-08245-8

Die allerbesten Rezepte der bekannten Sternenfelser Kräuterhexe für Gesundheit und Wohlbefinden jetzt in einem Band. Vom Anbau und der Verwendung von Kräutern über Schönheitstipps bis zur hohen Kunst der Kräuterhexe: das Heilen mit Kräutern und Heilsteinen. Die richtige Wahl für alle, die sich in unserem hektischen Alltag mit Kräutern und Gewürzen etwas Gutes tun wollen.

In diesem Buch werden Hinweise zur Naturheilkunde gegeben. Nur auf die beschriebenen Arten trifft die angegebene Verwendung zu, ihr Gebrauch setzt daher ihre sichere Kenntnis voraus.
Heilpflanzentees sollten immer nur beschränkte Zeit und nicht länger als nötig eingenommen werden, auch Hausteemischungen sollte man öfter wechseln, verschiedene Kräuter, wie z. B. Rosmarin und Salbei dürfen nicht während der Schwangerschaft eingenommen werden. Behandelt werden dürfen nur leichtere Gesundheitsstörungen, die keiner ärztlichen Behandlung bedürfen. Den Arztbesuch kann dieses Buch auf keinen Fall ersetzen.

Mit insgesamt 266 Farbfotos von:
Katharina Adams, Linnich-Hottorf: 35 ure; Ursel Borstell, Essen:40/41; Raimund Cramm, Langenhagen: 106 re; Fotodienst Fehn, Lage: 88 o; Robert Groß, Fulda: 106 oli; Peter Himmelhuber, Regensburg: 113 ore; Horst Kretschmer, Ober Ramstadt: 48 uli; Hans E. Laux, Biberach a. d. Riß: 8/9 (beide), 11 (beide), 12 ure, 14, 16 (beide), 18, 19 ure, 34 (beide), 42 oli, 46, 63, 66 Mi, 89 o, 108 uli, 119 (beide), 120 ore, 124 ure, 125 Mi li, 126 oli, 127 ure, 128 oli, 129 Mi li, 130 (beide), 133 Mi re, 134 (beide), 135 uli, 136 oli, 140, 141 (beide), 142 (beide), 144 uli, 145 Mi li, 146 (beide), 147 (beide), 148, 149 oli, 150 oli, 151 ore;
Alfred Limbrunner, Dachau: 49 ore; Manfred Pforr, Langenpreising: 10 o, 15 uli, 17 ore, 25 uli, 28 uli, 29 ure, 32 Mi, 32 u, 35 Mi, 37 ore, 48 ore, 55, 56 u, 132 oli, 133 oli; Ingeborg Polaschek, Linsengericht: 60 u, 121 Mi re; Wolfgang Redeleit, Bienenbüttel: 80 ore, 98 oli, 112 oli; Tierfoto-Reinhard, Heiligkreuzsteinach: 5 ore, 7 o, 12 oli, 13 oli, 19 u, 21 ore, 22 ore, 23 ore, 30 uli, 38 uli, 38/39 Mi o,41, 43 ure, 50 oli, 52 o, 53 u, 57 oli, 62/63, 64, 74, 76, 79, 80 uli, 85, 86, 102 (beide), 103, 104 o, 107 (beide), 110 oli, 111 (beide), 115, 118 (beide), 120 uli, 122 ure, 123 ure, 124 oli, 125 ore, 129 ure, 132 o Mi, 135 ure, 136 ure, 137, 138 uli, 143 (beide), 149 Mi li; Werner Richner, Saarlouis: 23 uli, 24, 25 ore, 26/27 (beide); Ralf Roppelt, Sahara-Werbeagentur, Stuttgart: 6, 7 u, 10 u, 15 ore, 29 ore, 30, 31, 39 ure, 44 (beide), 50 ure, 54 (beide), 58 oli, 58 u, 59, 60 oli, 60 ore, 61 (alle drei), 65 ure, 67 ure, 68 (beide), 69 (beide), 70, 71 (beide), 72, 73, 75 (alle vier), 77 (alle 3), 78 (beide), 81 (beide), 82, 83 (beide), 84 (beide), 87 (alle drei), 88 uli, 88ure, 89 uli, 89 ore, 90 (beide), 91, 92 (beide), 93, 94 uli, 94 ure, 95, 96 (alle drei), 97 (beide), 98 ure, 99 (alle drei), 100 (beide), 101 (beide), 105, 108 o, 109, 112 ure, 113 uli, 113 ure, 139 uli, 151 oli; Manfred Ruckszio, Taunusstein: 13 ure, 17 u, 32 ore, 33, 36 (beide), 47 (beide), 52 u, 53 o, 56 ore, 94 o, 104 uli, 108 Mi re, 110 ure, 114/115, 117 ure (beide), 121 Mi li, 127 oli, 139 ore; Peter Schönfelder, Pentling: 28 ore, 65 ore, 66 oli, 116 (beide), 117 oli, 122 oli, 123 oli, 126 Mi re, 128 Mi re, 131 (beide), 132 ure, 138 ore, 144 ore, 145 ore, 150 ure; Friedrich Strauß, Au i. d. Hallertau: 2/3, 4, 5 uli, 21 u, 22 uli, 42/43 u Mi, 43 ore, 45, 49 ure, 51 oli.
Die Vorlagen für die Bilder auf den Seiten 15 oben und 31 wurden freundlicherweise vom Antiquariat Fritz Keller zur Verfügung gestellt.

Mit insgesamt 9 Zeichnungen von:
Reinhild Hofmann, Königsdorf: 18 o, alle anderen von Ruth Fritzsche, Parthenstein. Vignette bei den Seitenzahlen: DEMA 1st Division GmbH, Leonberg.

Umschlaggestaltung von Atelier Reichert, Stuttgart unter Verwendung eines Fotos von Jutta Schneider, Malsburg (Umschlagvorderseite) und zwei Farbfotos von Ralf Roppelt, Sahara-Werbeagentur, Stuttgart.

Die Deutsche Bibliothek – CIP-Einheitsaufnahme
Ein Titelsatz für diese Publikation ist bei Der Deutschen Bibliothek erhältlich.

Gedruckt auf chlorfrei gebleichtem Papier

ISBN: 3-440-08033-1
Lektorat: Angelika Throll-Keller, Carolin Krank
Printed in: Germany/
Imprimé en Allemagne
Satz: Ipa Arnold, Vaihingen/Enz
Reproduktion: Repro Schmid, Stuttgart
Druck und Buchbindung:
Westermann Druck, Zwickau

Vermerk: Alle Rezepte unterliegen dem Copyright by Galerie aktiv, D-75447 Sternenfels. Alle Mengenangaben ohne Gewähr. Mischungen können unterschiedliche Intensitätsergebnisse haben.

Gabriele Bickel hat nach einer Ausbildung zur Apothekenhelferin und anschließend Pharmazeutisch-Technischen Assistentin Grafik und Design studiert. Nach der Geburt Ihrer jetzt vierzehnjährigen Tochter beschäftigte sie sich mehr und mehr mit Kräutern und Gewürzen sowie ihrer Anwendung. 1993 eröffnete Frau Bickel ihren ersten Kräuterhexenladen, 1996 kam der zweite im Kloster Maulbronn dazu. Sowohl durch ihre Bücher als auch ihre Auftritte in Rundfunk und Fernsehen ist die „Kräuterhexe von Sternenfels" weit über die Grenzen ihrer baden-württembergischen Heimat hinaus einem großen Publikum bekannt.

Alle Angaben in diesem Buch sind sorgfältig geprüft und geben den neuesten Wissensstand bei der Veröffentlichung wieder. Da sich das Wissen aber laufend und in rascher Folge weiterentwickelt und vergrößert, muß jeder Anwender prüfen, ob die Angaben nicht durch neuere Erkenntnisse überholt sind. Dazu muß er zum Beispiel Beipackzettel lesen und genau befolgen sowie Gebrauchsanweisungen und Gesetze beachten.

Postfach 106011
D-70049 Stuttgart
TELEFON +49 (0)711-2191-0
FAX +49 (0)711-2191-422
WEB www.kosmos.de
E-MAIL info@kosmos.de